职业院校市场营销专业教学用书

市场调查综合实训
（第2版）

罗绍明　主　编

袁　锋　郑永坤　吴建光　副主编

电子工业出版社

Publishing House of Electronics Industry

北京·BEIJING

内 容 简 介

本书是继承了第 1 版的编写模式与编写体系，以技能培养为核心，结合职业学校学生的特点，突出实践操作的指导思想而组织编写的。

本书以市场调查实践操作流程为基础进行各章节顺序的编排，依据市场调查的一般流程，系统地设计了市场调查各环节的实训项目，包括设计调查方案、实施调查项目、整理分析资料、市场需求预测、撰写调查报告及网络市场调查 6 大项目。

本书可作为职业学校市场营销类和工商管理类相关专业的教学用书，也可作为市场调查、市场营销以及相关岗位的从业人员开展岗位培训的教材或自学用书。

未经许可，不得以任何方式复制或抄袭本书之部分或全部内容。
版权所有，侵权必究。

图书在版编目（CIP）数据

市场调查综合实训/罗绍明主编. —2 版. —北京：电子工业出版社，2017.1
ISBN 978-7-121-30558-0

Ⅰ. ①市… Ⅱ. ①罗… Ⅲ. ①市场调查 Ⅳ. ①F713.52

中国版本图书馆 CIP 数据核字（2016）第 294638 号

策划编辑：陈　虹
责任编辑：陈　虹
印　　刷：涿州市般润文化传播有限公司
装　　订：涿州市般润文化传播有限公司
出版发行：电子工业出版社
　　　　　北京市海淀区万寿路 173 信箱　邮编　100036
开　　本：787×1 092　1/16　印张：12　字数：307.2 千字
版　　次：2011 年 1 月第 1 版
　　　　　2017 年 1 月第 2 版
印　　次：2021 年 11 月第 5 次印刷
定　　价：25.80 元

凡所购买电子工业出版社图书有缺损问题，请向购买书店调换。若书店售缺，请与本社发行部联系，联系及邮购电话：（010）88254888，88258888。

质量投诉请发邮件至 zlts@phei.com.cn，盗版侵权举报请发邮件至 dbqq@phei.com.cn。
本书咨询联系方式：chitty@phei.com.cn。

第 2 版前言

市场调查是职业学校市场营销与策划、统计事务、广告设计等专业的必修课程，是这些专业的学生必须掌握的一项实践技能。《市场调查综合实训》（第 2 版）继承了第 1 版的编写模式与编写体系，主要特点如下。

1. 采用模块化教材编写模式，突出教材的系统性与层次性

本着"实用、适用和够用"的原则，根据市场调查工作任务的需要，设计和编排教材体系与知识，力求突出教材的系统性、针对性、实践性、应用性和先进性。全书设计为 6 大项目，包括设计调查方案、实施调查项目、整理分析资料、市场需求预测、撰写调查报告及网络市场调查。每个项目具体分为 4 个模块，分别为"职业岗位认识"、"岗位技能实训"、"岗位知识链接"、"岗位业务工具"，主要培养学生资料搜索与整理、市场调查活动设计、策划、口头表达以及具体操作和实施市场调查方案的能力。

2. 以项目策划为主线，突出市场调查项目策划实操技能

本书以项目策划为主线，以培养学生调查设计岗位的实践操作技能为出发点，依据市场调查的一般流程，系统地设计了市场调查各环节的实训项目，包括调查方案设计、调查人员招聘方案设计、调查人员培训方案设计、市场调查问卷设计、调查质量控制方案设计、整理调查资料、分析调查资料、提炼调查结论、撰写调查建议、形成调查报告等，形成系统的可操作性的项目教学体系。

本书可作为职业学校市场营销类和工商管理类相关专业的教学用书，也可作为市场调查、市场营销以及相关岗位的从业人员开展岗位培训的教材或自学用书。

本书由广东省汕头市鮀滨职业技术学校罗绍明担任主编，江西建筑工业学校袁锋、汕头市鮀滨职业技术学校郑永坤、吴建光担任副主编。其中，罗绍明修订项目 1 并统稿，袁锋修订项目 2、项目 3，郑永坤修订项目 4、项目 6，吴建光修订项目 5。

由于编者水平有限，本教材中的缺点与不成熟之处在所难免，恳请读者批评指正并提出意见与建议。谢谢！来信请寄：stluoming@163.com。

编 者
2016 年 9 月

第1版前言

市场调查是职业学校市场营销与策划、统计事务、广告设计等专业的必修课程，也是这些专业的学生必须掌握的一项实践技能。本教材是根据职业教育培养目标要求，以技能培养为核心，结合职业学校学生的特点，突出实践操作的指导思想而组织编写的。本教材的主要特点如下。

1. 教材目标定位清晰

本教材目标定位为培养学生掌握市场调查的实践操作技能。通过学习，学生能胜任市场调查岗位工作，能完成市场调查岗位任务。本着"实用、适用和够用"的原则，根据市场调查工作任务的需要，设计和编排教材体系与知识，力求突出教材的系统性、针对性、实践性、应用性和先进性。

2. 教材编排顺序贴近企业实践

本教材以市场调查实践操作流程为基础进行各项目顺序的编排，依据市场调查的一般流程，系统地设计了市场调查各环节的实训项目，包括设计调查方案、实施调查项目、分析调查资料、市场需求预测、撰写调查报告及网络市场调查六大实训项目。

3. 教材编写形式创新

本教材的编写采用了模块化与分栏式教材编写模式，全书分为六章。模块化是指每个任务按照"实训目的"、"实训要求"、"实训例讲"、"知识链接"、"实训练习"、"业务工具"六个模块进行编写；分栏式是指每个实训练习项目分别设计"实训背景"、"实训组织"、"实训报告"、"实训考核"等内容。

4. 教材突出计算机技术的应用

一个市场调查项目的完成，离不开计算机技术的应用。因此，本教材中的各个实训项目都要求学生使用计算机进行操作，一方面要求学生完成各实训项目PPT（幻灯片）的制作，另一方面要求学生在计算机上开展实训项目的操作。

本教材可作为职业学校市场营销类和工商管理类相关专业的教学用书，也可作为市场调查、市场营销以及相关岗位的从业人员开展岗位培训的教材或自学用书。

本教材由广西工商职业技术学院李红梅副教授主审，由广东省汕头市鮀滨职业技术学校罗绍明高级讲师担任主编，汕头市外语外贸职业技术学校卢汉生主任、汕头市鮀滨职业技术学校吴建光副校长、江西城市职业学院罗明丽老师担任副主编，参编老师有汕头市鮀滨职业技术学校郑永坤、黄妍薇老师。

本教材在编辑出版过程中，电子工业出版社的徐玲编辑给予了大力支持与帮助，在此表示衷心的感谢。另外，本书的编写出版，参阅了大量文献与网站资料，在此对有关资料的编辑和作者致以诚挚的感谢！

由于编者水平有限，本教材中的缺点与不成熟之处在所难免，恳请读者批评指正并提出意见与建议。谢谢！来信请寄：stluoming@163.com。

编　者
2010年8月

目 录

项目 1 设计调查方案 ·············· 1
  职业岗位认识 ·················· 1
  岗位技能实训 ·················· 2
    任务 1 确定调查目的 ············ 2
    任务 2 确定调查内容 ············ 5
    任务 3 选择调查对象 ············ 8
    任务 4 选择调查方法 ············ 11
    任务 5 安排调查日程 ············ 13
    任务 6 预算调查经费 ············ 16
    任务 7 设计调查方案 ············ 19
  岗位知识链接 ·················· 24
  岗位业务工具 ·················· 28

项目 2 实施调查项目 ·············· 31
  职业岗位认识 ·················· 31
  岗位技能实训 ·················· 32
    任务 1 招聘调查人员 ············ 32
    任务 2 培训调查人员 ············ 36
    任务 3 设计调查问卷 ············ 41
    任务 4 调查质量控制 ············ 45
  岗位知识链接 ·················· 50
  岗位业务工具 ·················· 56

项目 3 整理分析资料 ·············· 60
  职业岗位认识 ·················· 60
  岗位技能实训 ·················· 60
    任务 1 整理调查资料 ············ 60
    任务 2 分析调查资料 ············ 71
  岗位知识链接 ·················· 79
  岗位业务工具 ·················· 91

项目 4 市场需求预测 ·············· 92
  职业岗位认识 ·················· 92

岗位技能实训···93
　　　　任务1　移动平均法···93
　　　　任务2　指数平滑法···98
　　　　任务3　趋势预测法···105
　　　　任务4　季节指数法···109
　　　　任务5　回归分析法···114
　　岗位知识链接···119
　　岗位业务工具···128

项目5　撰写调查报告···130
　　职业岗位认识···130
　　岗位技能实训···131
　　　　任务1　提炼调查结论···131
　　　　任务2　撰写调查建议···137
　　　　任务3　形成调查报告···142
　　岗位知识链接···149
　　岗位业务工具···152

项目6　网络市场调查···153
　　职业岗位认识···153
　　岗位技能实训···154
　　　　任务1　注册问卷星会员···154
　　　　任务2　设计网上调查问卷··157
　　　　任务3　发布网上调查问卷··172
　　　　任务4　查看网上调查报告··178
　　岗位知识链接···182
　　岗位业务工具···184

参考文献··185

项目 1 设计调查方案

职业岗位认识

1. 调查方案设计岗位工作描述

市场调查方案设计,也称市场调查方案策划,是指根据市场调查目的,在进行市场调查之前,对整个调查过程进行全面规划,提出相应的调查实施计划,制订出合理的工作程序,以便在调查过程中统一认识、统一内容、统一方法、统一步骤,圆满完成调查任务。

市场调查方案是提供给调查单位负责人审查之用,也是市场调查人员实施市场调查活动的纲领和依据。通过市场调查方案设计项目的实训,学生能设计出符合市场调查目的的规范化的市场调查方案。

2. 市场调查岗位工作程序(见图 1-1)

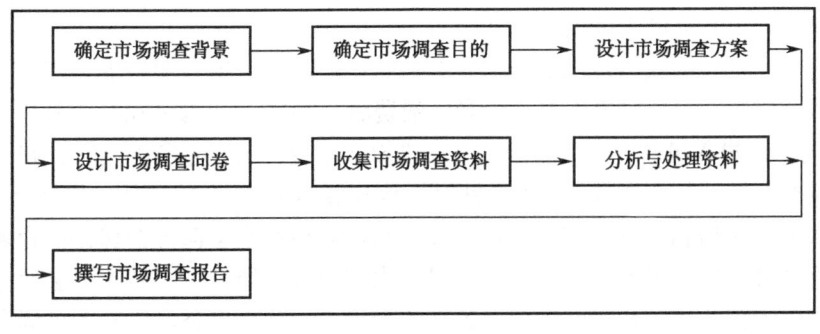

确定市场调查背景 → 确定市场调查目的 → 设计市场调查方案 → 设计市场调查问卷 → 收集市场调查资料 → 分析与处理资料 → 撰写市场调查报告

图 1-1 市场调查岗位工作程序

岗位技能实训

任务 1　确定调查目的

实训目的和要求

实训目的
1. 培养学生设计市场调查目标的能力；
2. 培养学生组织分工与团队合作的能力；
3. 培养学生整理分析资料与写作的能力；
4. 培养学生计算机软件应用的能力；
5. 培养学生积极讨论与口头表达的能力。

实训要求
1. 能依据调查背景设计出市场调查的调查目标；
2. 能清晰地表达出该市场调查的调查目标；
3. 能陈述出设计该市场调查目标的理由或原因；
4. 能撰写出该次市场调查目标设计的实训报告；
5. 能依据实训报告制作出该次实训的 PPT 课件。

实训例讲

天天键公司拟开展广告效果调查的背景：

天天键公司是我国饮料市场的新秀，公司主打产品天天键口服液的重点销售区域为华南和华东地区市场，销售对象主要是中老年消费者。2015 年以前公司很少做广告宣传，但 2016 年公司广告投入量达到 800 万元，主要投放在电视广告、各零售点的 POP 广告、印刷品广告以及少量的灯箱广告等。为了有针对性地开展 2017 年度的产品宣传推介工作，促进产品品牌形象的传播和产品销售量的进一步提高，以便在竞争激烈的保健品市场中立于不败之地，公司拟委托一帆市场调查公司开展一次广告效果调查，以供决策层参考。

试根据天天键公司拟开展广告效果调查的背景，设计出该公司广告效果调查目标。

题解：

天天键公司广告效果调查目标可以设计为：
1. 分析现有的各种广告媒介的宣传效果；
2. 了解现行广告作品的知晓度和顾客认同度；
3. 了解重点销售区域华南和华东地区市场的消费特征和消费习惯。

项目 1　设计调查方案

实训练习

一、实训背景

近年来，随着城市居民人均可支配收入的增长和家用 PC（计算机）的普及，妨碍个人/家庭消费者接受笔记本电脑产品的两大壁垒——价格与应用——逐渐消失。当大家都习惯于以家用台式 PC 为工作、娱乐、沟通的基础平台时，其需求便自然而然地上升到了一个新的阶层：这就仿佛每个家庭都配有固定电话，但人们还是愿意花费更多的钱去购买和使用手机——因为手机能够带来更多的便利。对于当代的大学生及上班族来说，对笔记本电脑的需求越来越明显。

由于大学生的学校生活比较单一，在日常的搜索学习资料和课外活动中都离不开网络，这时候就需要准备一台计算机了，相对而言，笔记本电脑更加轻巧便捷。另外，现在很多大学都开设了中外合作学院，出国的学生也需要预备一台手提电脑，以便学习之用。显然，笔记本电脑在大学校园有一定的市场前景。

华彩公司为提高其手提电脑产品在大学校园内的市场占有率，评估行销环境，制定相应的营销策略，拟委托点金市场调查公司在广州大学城的大学校园内开展一次有关大学生手提电脑消费现状的市场调查。

试根据华彩公司拟开展大学生手提电脑消费现状市场调查的背景，设计出该公司大学生手提电脑消费现状市场调查的调查目标。

二、实训组织

1. 组建实训小组：将教学班学生按每小组 6~8 人的标准划分成若干课题小组，每个小组指定或推选出一名组长。

2. 确定实训课题：每个小组根据市场调查目的设计的背景资料，设计该次市场调查的调查目的，并完成调查目的设计实训报告以及制作实训报告 PPT 课件。

3. 实施实训操作：各小组组长根据调查目的设计实训的要求，调配资源，明确各组员的任务，并督促大家有效地完成任务，包括调查目的的草拟、修改和定稿，调查目的设计实训报告的撰写、打印，以及实训报告 PPT 课件的制作等。

4. 撰写实训报告：每个小组完成一份调查目的设计实训的实训报告，并制作成 PPT 课件，实训报告与 PPT 课件通过电子邮件或校园网提交给指导老师。

5. 陈述实训心得：由各个小组推荐的发言人或小组组长代表本小组，借助实训 PPT 课件陈述本小组的实训报告和实训心得。

6. 评价实训效果：各个小组代表陈述后，指导教师点评该次市场调查目的设计实训的情况，并由全班学生无记名投票，评选出该次实训的获奖小组，并给予表扬与奖励。

三、实训报告

设计市场调查目的实训报告的格式见图 1-2。

```
           设计市场调查目的实训报告
                  第    1    次实训
     班级_____  学号_____  姓名_____  实训评分_____
     实训时间_____  实训名称____华彩公司调查目的设计____
     一、实训目的

     二、实训背景

     三、实训要求

     四、调查目的设计

     五、实训心得体会

     六、实训评价（指导教师填写）
```

图 1-2　市场调查目的设计

四、实训考核

实训成绩依据学生上课出勤、课堂讨论发言、实训报告的写作和实训报告 PPT 课件制作水平等进行评定。首先由各小组组长对组内各成员进行成绩评定，成绩分为优秀、良好、中等、及格、不及格五档；然后由指导教师对小组提交的实训报告及实训报告 PPT 进行评分；最后按照以下公式进行加权计算，计算出每个学生的最终成绩。

个人最终成绩=小组组长评定成绩×20%+指导教师评定成绩×80%

其中，小组组长评定组内成员成绩表、指导教师评定实训报告及实训报告 PPT 成绩表，分别见表 1-1 与表 1-2。

表 1-1　小组组长评定组内成员成绩表

小组成员姓名	小组成员成绩				
	优秀 （90 分以上）	良好 （80～90 分）	中等 （70～79 分）	及格 （60～69 分）	不及格 （60 分以下）

表 1-2　指导教师评定实训报告及实训报告 PPT 成绩表

评价内容	分值（分）	评分（分）
调查目的明确且符合要求	30	
实训报告的完整性与科学性	30	

项目 1　设计调查方案

续表

评 价 内 容	分值（分）	评分（分）
实训报告 PPT 设计的质量	20	
实训报告表达效果	20	
总体评分	100	

任务 2　确定调查内容

实训目的和要求

实训目的

1. 培养学生设计市场调查内容的能力；
2. 培养学生组织分工与团队合作的能力；
3. 培养学生整理分析资料与写作的能力；
4. 培养学生计算机软件应用的能力；
5. 培养学生积极讨论与口头表达的能力。

实训要求

1. 能依据调查背景设计出市场调查的内容；
2. 能清晰地表达出该市场调查的调查内容；
3. 能陈述出设计该市场调查内容的理由或原因；
4. 能撰写出该次市场调查内容设计的实训报告；
5. 能依据实训报告制作出该次实训的 PPT 课件。

实训例讲

一帆市场调查公司为天天键公司拟订的广告效果调查目标为：①分析现有的各种广告媒介的宣传效果；②了解现行广告作品的知晓度和顾客认同度；③了解重点销售区域华南和华东地区市场的消费特征和消费习惯。

试根据天天键公司广告效果调查目标，设计出该公司开展市场调查的具体内容。

题解：

天天键公司本次广告效果调查的内容依据其调查目标可设计为：

1. 天天键口服液的知名度，以及该产品在提高免疫力口服液市场的排名；
2. 消费者知晓天天键口服液品牌的主要信息来源和信息渠道；
3. 了解顾客对天天键口服液广告口号的喜好程度；
4. 了解公司的零售点 POP 广告在顾客心目中的评价；
5. 了解华南、华东地区消费者的特征，包括其职业、年龄、受教育程度、经济收入等，以及上述特征对消费者偏好的影响；

6. 了解上述地区顾客的消费心理和消费特点；
7. 了解消费者对天天键口服液产品的口感、包装、容量等方面的期望。

实训练习

一、实训背景

点金市场调查公司为华彩公司拟订的大学生手提电脑消费现状市场调查的调查目标为：①了解笔记本电脑在大学生中的需求程度、消费观点及消费习惯；②摸清华彩品牌在大学生消费者中的知名度、渗透率、美誉度和忠诚度；③把握笔记本电脑商家的常规宣传方式与促销方式；④了解华彩品牌及主要竞争品牌在大学的销售现状、价格、广告、促销等策略；⑤掌握大学生消费者对计算机经销商的促销、宣传活动的认可态度情况；⑥分析大学生消费者对笔记本电脑的消费行为与消费特点；⑦分析各大学及学院笔记本电脑销售方面的市场特点及其差异；⑧预测笔记本电脑市场的容量与发展潜力，以及华彩笔记本电脑的销售情况。

试根据华彩公司大学生手提电脑消费现状市场调查的调查目标，设计出该公司开展市场调查的具体内容。

二、实训组织

1. 组建实训小组：将教学班学生按每小组 6～8 人的标准划分成若干课题小组，每个小组指定或推选出一名组长。

2. 确定实训课题：每个小组根据市场调查内容设计的背景资料，设计出本次市场调查的调查内容，并完成调查内容设计实训报告以及制作实训报告 PPT 课件。

3. 实施实训操作：各小组组长根据调查内容设计实训的要求，调配资源，明确各组员的任务，并督促大家有效地完成任务，包括：调查内容的草拟、修改和定稿，调查内容设计实训报告的撰写、打印，以及实训报告 PPT 课件的制作等。

4. 撰写实训报告：每个小组完成一份调查内容设计实训的实训报告，并制作成 PPT 课件，实训报告与 PPT 课件通过电子邮件或校园网提交给指导教师。

5. 陈述实训心得：由各个小组推荐的发言人或小组组长代表本小组，借助实训 PPT 课件陈述本小组的实训报告和实训心得。

6. 评价实训效果：各个小组代表陈述后，指导教师点评该次市场调查内容设计实训的情况，并由全班学生无记名投票，评选出该次实训的获奖小组，并给予表扬与奖励。

三、实训报告

设计市场调查内容实训报告的格式见图 1-3。

项目 1　设计调查方案

```
                设计市场调查内容实训报告
                        第  2  次实训
    班级_____    学号_____    姓名_____    实训评分_____
    实训时间_____      实训名称    华彩公司调查内容设计
    一、实训目的

    二、实训背景

    三、实训要求

    四、调查内容设计

    五、实训心得体会

    六、实训评价（指导教师填写）
```

图 1-3　市场调查内容设计

四、实训考核

实训成绩依据学生上课出勤、课堂讨论发言、实训报告的写作和实训报告 PPT 课件制作水平等进行评定。首先由各小组组长对组内各成员进行成绩评定，成绩分为优秀、良好、中等、及格、不及格五挡；然后由指导教师对小组提交的实训报告及实训报告 PPT 进行评分；最后按照以下公式进行加权计算，计算出每个学生的最终成绩。

个人最终成绩=小组组长评定成绩×20%+指导教师评定成绩×80%

其中，小组组长评定组内成员成绩表、指导教师评定实训报告及实训报告 PPT 成绩表，分别见表 1-3 与表 1-4。

表 1-3　小组组长评定组内成员成绩表

小组成员姓名	小组成员成绩					
	优秀 （90分以上）	良好 （80～90分）	中等 （70～79分）	及格 （60～69分）	不及格 （60分以下）

7

表 1-4　指导教师评定实训报告及实训报告 PPT 成绩表

评 价 内 容	分值（分）	评分（分）
调查内容设计完整性与正确性	30	
实训报告的完整性与科学性	30	
实训报告 PPT 设计的质量	20	
实训报告表达效果	20	
总体评分	100	

任务 3　选择调查对象

实训目的和要求

实训目的

1. 培养学生选择市场调查对象的能力；
2. 培养学生组织分工与团队合作的能力；
3. 培养学生整理分析资料与写作的能力；
4. 培养学生计算机软件应用的能力；
5. 培养学生积极讨论与口头表达的能力。

实训要求

1. 能依据调查背景选择确定市场调查的对象；
2. 能清晰地表达出该市场调查的调查对象；
3. 能陈述出选择这些市场调查对象的理由或原因；
4. 能撰写出该次市场调查对象选择的实训报告；
5. 能依据实训报告制作出该次实训的 PPT 课件。

实训例讲

　　天天键公司主打产品天天键口服液的重点销售区域为华南和华东地区市场，销售对象主要是中老年消费者。天天键公司 2017 年拟在这两个重点销售区域进行广告宣传，在开展广告宣传之前，公司拟开展一次广告效果调查。

　　试选择确定天天键公司本次广告效果市场调查的调查对象。

　　题解：

　　天天键公司本次广告效果市场调查的调查对象可选定为：

　　1. 天天键公司本次调查拟在华南、华东两个重点市场开展，调查范围应为这两个地区的中心城市和有代表性的市县，具体选定以下 10 个城市：广东省的广州市、东莞市、顺德区，上海市，江苏省的南京市、苏州市、宜兴市，浙江省的杭州市、温州市、余姚市。

2. 本次市场调查的调查对象将选定为 30 岁以上的消费群体。拟在每个城市抽取被调查者 400 人，按年龄层次和性别分配名额，年龄分层为：30～40 岁、40～50 岁、50～60 岁及 60 岁以上，各层比例近似为 1∶1；性别比亦为 1∶1；总样本数为 4000 人。

实训练习

一、实训背景

由于笔记本电脑还没能普遍使用，为确保样本的代表性、合理性及样本的精确程度，同时考虑到时间、人力、物力及消费者的经济状况等因素，华彩公司要求调查组针对重点单位的消费者进行调查，如中外合作学院、二级学院，以及城市规划、建筑学、计算机软件、服装设计等专业的大学生，以提高调查的针对性。

试选择与确定华彩公司本次大学生手提电脑消费现状市场调查的调查对象。

二、实训组织

1．组建实训小组：将教学班学生按每小组 6～8 人的标准划分成若干课题小组，每个小组指定或推选出一名组长。

2．确定实训课题：每个小组根据市场调查对象选择的背景资料，选择确定本次市场调查的对象，并完成调查对象选择实训报告以及制作实训报告 PPT 课件。

3．实施实训操作：各小组组长根据调查对象选择实训的要求，调配资源，明确各组员的任务，并督促大家有效地完成任务，包括：调查对象选择的草拟、修改和定稿，调查对象选择实训报告的撰写、打印，以及实训报告 PPT 课件的制作等。

4．撰写实训报告：每个小组完成一份调查对象选择实训的实训报告，并制作成 PPT 课件，实训报告与 PPT 课件通过电子邮件或校园网提交给指导教师。

5．陈述实训心得：由各个小组推荐的发言人或小组组长代表本小组，借助实训 PPT 课件陈述本小组的实训报告和实训心得。

6．评价实训效果：各个小组代表陈述后，指导教师点评该次市场调查对象选择实训的情况，并由全班学生无记名投票，评选出该次实训的获奖小组，并给予表扬与奖励。

三、实训报告

选择市场调查对象实训报告的格式见图 1-4。

四、实训考核

实训成绩依据学生上课出勤、课堂讨论发言、实训报告的写作和实训报告 PPT 课件制作水平等进行评定。首先由各小组组长对组内各成员进行成绩评定，成绩分为优秀、良好、中等、及格、不及格五档；然后由指导教师对小组提交的实训报告及实训报告 PPT 进行评分；最后按照以下公式进行加权计算，计算出每个学生的最终成绩。

```
            选择市场调查对象实训报告
                  第   3   次实训
      班级_____    学号_____    姓名_____    实训评分_____
      实训时间_____    实训名称    华彩公司市场调查对象选择

      一、实训目的

      二、实训背景

      三、实训要求

      四、调查对象选择

      五、实训心得体会

      六、实训评价（指导教师填写）
```

图 1-4　市场调查对象选择

个人最终成绩=小组组长评定成绩×20%+指导教师评定成绩×80%

其中，小组组长评定组内成员成绩表、指导教师评定实训报告及实训报告 PPT 成绩表，分别见表 1-5 与表 1-6。

表 1-5　小组组长评定组内成员成绩表

小组成员姓名	小组成员成绩					
	优秀 （90分以上）	良好 （80～90分）	中等 （70～79分）	及格 （60～69分）	不及格 （60分以下）

表 1-6　指导教师评定实训报告及实训报告 PPT 成绩表

评价内容	分值（分）	评分（分）
调查对象选择合理性	30	
实训报告的完整性与科学性	30	
实训报告 PPT 设计的质量	20	
实训报告表达效果	20	
总体评分	100	

项目 1　设计调查方案

任务 4　选择调查方法

实训目的和要求

实训目的
1. 培养学生选择市场调查方法的能力；
2. 培养学生组织分工与团队合作的能力；
3. 培养学生整理分析资料与写作的能力；
4. 培养学生计算机软件应用的能力；
5. 培养学生积极讨论与口头表达的能力。

实训要求
1. 能依据调查背景选择合适的市场调查方法；
2. 能清晰地表达出该次市场调查的调查方法；
3. 能陈述出选择这些市场调查方法的理由或原因；
4. 能撰写出该次市场调查方法选择的实训报告；
5. 能依据实训报告制作出该次实训的 PPT 课件。

实训例讲

天天键公司拟在广东省的广州市、东莞市、顺德区，上海市，江苏省的南京市、苏州市、宜兴市，浙江省的杭州市、温州市、余姚市等天天键口服液的重点销售地区开展市场调查，每个城市选择被调查者 400 人。为保证市场调查的有效性，公司要求所选择的被调查者应为随机性的，同时为公司的潜在消费者。

试根据天天键公司对本次市场调查的要求，选定合适的市场调查方法。

题解：

天天键公司本次广告效果市场调查的调查方法可选定为：

1. 为保证所选择被调查者的随机性，调查实施过程中被调查者的选定应采取拦截访问法。一是在街头随机拦截消费者进行访问，二是在产品经销点对正在选购产品的顾客进行拦截访问。

2. 为保证市场调查的有效性，本次调查资料收集应采取问卷调查法。一方面是为了方便被调查者的回答，另一方面可以较少地占用被调查者的时间。

实训练习

一、实训背景

本次大学生手提电脑消费现状市场调查主要选择位于广州大学城的中山大学城市学院、华南理工大学建筑设计学院、暨南大学计算机学院、广东工业大学服装设计学院等学院的大学生。为保证市场调查的有效性,华彩公司要求所选择的被调查者应为随机性的,同时为公司的潜在消费者。

试根据华彩公司对本次市场调查的要求,选定合适的市场调查方法。

二、实训组织

1. 组建实训小组:将教学班学生按每小组 6~8 人的标准划分成若干课题小组,每个小组指定或推选出一名组长。

2. 确定实训课题:每个小组根据市场调查方法选择的背景资料,选择确定本次市场调查的方法,并完成调查方法选择实训报告以及制作实训报告 PPT 课件。

3. 实施实训操作:各小组组长根据调查方法选择实训的要求,调配资源,明确各组员的任务,并督促大家有效地完成任务,包括:调查方法选择的草拟、修改和定稿,调查方法选择实训报告的撰写、打印,以及实训报告 PPT 课件的制作等。

4. 撰写实训报告:每个小组完成一份调查方法选择实训的实训报告,并制作成 PPT 课件,实训报告与 PPT 课件通过电子邮件或校园网提交给指导教师。

5. 陈述实训心得:由各个小组推荐的发言人或小组组长代表本小组,借助实训 PPT 课件陈述本小组的实训报告和实训心得。

6. 评价实训效果:各个小组代表陈述后,指导教师点评该次市场调查方法选择实训的情况,并由全班学生无记名投票,评选出该次实训的获奖小组,并给予表扬与奖励。

三、实训报告

选择市场调查方法实训报告的格式见图 1-5。

```
              选择市场调查方法实训报告
                   第  4  次实训
   班级_____    学号_____   姓名_____     实训评分_____
   实训时间_____     实训名称___华彩公司市场调查方法选择___
   一、实训目的

   二、实训背景

   三、实训要求

   四、调查方法选择

   五、实训心得体会

   六、实训评价(指导教师填写)
```

图 1-5 市场调查方法选择

四、实训考核

实训成绩依据学生上课出勤、课堂讨论发言、实训报告的写作和实训报告 PPT 课件制作水平等进行评定。首先由各小组组长对组内各成员进行成绩评定,成绩分为优秀、良好、中等、及格、不及格五档;然后由指导教师对小组提交的实训报告及实训报告 PPT 进行评分;最后按照以下公式进行加权计算,计算出每个学生的最终成绩。

个人最终成绩=小组组长评定成绩×20%+指导教师评定成绩×80%

其中,小组组长评定组内成员成绩表、指导教师评定实训报告及实训报告 PPT 成绩表分别见表 1-7 与表 1-8。

表 1-7 小组组长评定组内成员成绩表

小组成员姓名	小组成员成绩					
	优秀（90分以上）	良好（80~90分）	中等（70~79分）	及格（60~69分）	不及格（60分以下）

表 1-8 指导教师评定实训报告及实训报告 PPT 成绩表

评 价 内 容	分值（分）	评分（分）
调查方法选择合理性	30	
实训报告的完整性与科学性	30	
实训报告 PPT 设计的质量	20	
实训报告表达效果	20	
总体评分	100	

任务 5 安排调查日程

实训目的和要求

实训目的

1. 培养学生安排市场调查日程的能力;
2. 培养学生组织分工与团队合作的能力;
3. 培养学生整理分析资料与写作的能力;
4. 培养学生计算机软件应用的能力;
5. 培养学生积极讨论与口头表达的能力。

实训要求

1. 能依据调查背景合理地安排好市场调查日程；
2. 能清晰地表达出该次市场调查的日程安排；
3. 能陈述出这样安排市场调查日程的理由或原因；
4. 能撰写出该次市场调查日程安排的实训报告；
5. 能依据实训报告制作出该次实训的 PPT 课件。

实训例讲

天天键公司要求本次调查自 2016 年 11 月 1 日开始至 12 月 28 日止，共计 58 天，应全部完成调查任务，并及时向公司提交市场调查报告。

试根据天天键公司对调查时间的要求，对本次市场调查日程作出安排。

题解：

市场调查组按照天天键公司的时间要求，将在 2016 年 12 月 28 日前完成本次市场调查工作，并及时向公司提交市场调查报告。具体日程安排见表 1-9。

表 1-9 调查日程安排表

工作与活动内容	时　间	参与单位和活动小组	主要负责人及成员	备　注
总体方案、抽样方案和问卷初步设计	11 月 1 日至 11 月 10 日			
预调查及问卷测试	11 月 11 日至 11 月 15 日			
问卷修正、印刷	11 月 16 日至 11 月 18 日			
访问员挑选与培训	11 月 19 日至 11 月 20 日			
调查访问	11 月 21 日至 12 月 18 日			
整理并撰写报告	12 月 19 日至 12 月 24 日			
报告打印并提交	12 月 25 日至 12 月 28 日			

实训练习

一、实训背景

为保证市场调查的时效性，华彩公司要求本次调查的时间为 6 月 1 日至 6 月 20 日，共计 20 天，应全部完成调查任务，并及时向公司提交市场调查报告。

试根据华彩公司对调查时间的要求，对本次市场调查日程作出安排。

二、实训组织

1. 组建实训小组：将教学班学生按每小组 6~8 人的标准划分成若干课题小组，每个小组指定或推选出一名组长。
2. 确定实训课题：每个小组根据市场调查日程安排的背景资料，合理地安排好本次市场调查的日程，并完成调查日程安排实训报告以及制作实训报告 PPT 课件。

3. 实施实训操作：各小组组长根据调查日程安排实训的要求，调配资源，明确各组员的任务，并督促大家有效地完成任务，包括：调查日程安排的草拟、修改和定稿，调查日程安排实训报告的撰写、打印，以及实训报告 PPT 课件的制作等。

4. 撰写实训报告：每个小组完成一份调查日程安排实训的实训报告，并制作成 PPT 课件，实训报告与 PPT 课件通过电子邮件或校园网提交给指导教师。

5. 陈述实训心得：由各个小组推荐的发言人或小组组长代表本小组，借助实训 PPT 课件陈述本小组的实训报告和实训心得。

6. 评价实训效果：各个小组代表陈述后，指导教师点评该次市场调查日程安排实训的情况，并由全班学生无记名投票，评选出该次实训的获奖小组，并给予表扬与奖励。

三、实训报告

安排市场调查日程实训报告的格式见图 1-6。

安排市场调查日程实训报告
第 __5__ 次实训

班级_____ 学号_____ 姓名_____ 实训评分_____
实训时间_____ 实训名称 <u>华彩市场调查日程安排</u>

一、实训目的

二、实训背景

三、实训要求

四、调查日程安排

五、实训心得体会

六、实训评价（指导教师填写）

图 1-6　市场调查日程安排

四、实训考核

实训成绩依据学生上课出勤、课堂讨论发言、实训报告的写作和实训报告 PPT 课件制作水平等进行评定。首先由各小组组长对组内各成员进行成绩评定，成绩分为优秀、良好、中等、及格、不及格五档；然后由指导教师对小组提交的实训报告及实训报告 PPT 进行评分；最后按照以下公式进行加权计算，计算出每个学生的最终成绩。

个人最终成绩=小组组长评定成绩×20%+指导教师评定成绩×80%

其中，小组组长评定组内成员成绩表、指导教师评定实训报告及实训报告 PPT 成绩表分别见表 1-10 与表 1-11。

表1-10　小组组长评定组内成员成绩表

小组成员姓名	小组成员成绩				
	优秀 （90分以上）	良好 （80~90分）	中等 （70~79分）	及格 （60~69分）	不及格 （60分以下）

表1-11　指导教师评定实训报告及实训报告PPT成绩表

评价内容	分值（分）	评分（分）
调查日程安排合理性	30	
实训报告的完整性与科学性	30	
实训报告PPT设计的质量	20	
实训报告表达效果	20	
总体评分	100	

任务6　预算调查经费

实训目的和要求

实训目的

1. 培养学生预算市场调查经费的能力；
2. 培养学生组织分工与团队合作的能力；
3. 培养学生整理分析资料与写作的能力；
4. 培养学生计算机软件应用的能力；
5. 培养学生积极讨论与口头表达的能力。

实训要求

1. 能依据调查背景合理地安排好市场调查经费；
2. 能清晰地表达出该次市场调查的经费预算安排；
3. 能陈述出这样安排市场调查经费的理由或原因；
4. 能撰写出该次市场调查经费预算的实训报告；
5. 能依据实训报告制作出该次实训的PPT课件。

实训例讲

天天键公司要求市场调查公司不仅要保证本次调查的建议具有一定的建设性与可操作性，而且要求市场调查的经费应控制在12万元以内。

项目 1　设计调查方案

试根据天天键公司对调查经费的控制要求，对调查经费进行相应的预算安排。

题解：

依据天天键公司对调查经费的控制要求，市场调查公司对调查经费开支做了如下预算安排，具体见表 1-12。

表 1-12　调查经费预算表

费用支出项目	数　　量	单价（元）	金额（元）	备　　注
方案设计策划费	1 份	10000	10000	
抽样设计实施费			2000	
问卷设计费	1 份	1000	1000	
问卷印刷装订费	4000 份	1.5	6000	
调查员劳务费	100 人	800	80000	
资料整理费			5000	
调查报告撰写费	1 份	15000	15000	
总计			119000	

实训练习

一、实训背景

为严格市场调查费用开支的管理，华彩公司要求市场调查公司不仅要保证本次调查的建议具有一定的建设性与可操作性，而且要求市场调查的经费应控制在 12000 元以内。

试根据华彩公司对调查经费的控制要求，对调查经费进行相应的预算安排。

二、实训组织

1. 组建实训小组：将教学班学生按每小组 6～8 人的标准划分成若干课题小组，每个小组指定或推选出一名组长。

2. 确定实训课题：每个小组根据市场调查经费预算的背景资料，合理地安排好本次市场调查的经费，并完成调查经费预算实训报告以及制作实训报告 PPT 课件。

3. 实施实训操作：各小组组长根据调查经费预算实训的要求，调配资源，明确各组员的任务，并督促大家有效地完成任务，包括：调查经费预算的草拟、修改和定稿，调查经费预算实训报告的撰写、打印，以及实训报告 PPT 课件的制作等。

4. 撰写实训报告：每个小组完成一份调查经费预算实训的实训报告，并制作成 PPT 课件，实训报告与 PPT 课件通过电子邮件或校园网提交给指导教师。

5. 陈述实训心得：由各个小组推荐的发言人或小组组长代表本小组，借助实训 PPT 课件陈述本小组的实训报告和实训心得。

6. 评价实训效果：各个小组代表陈述后，指导教师点评该次市场调查经费预算实训的情况，并由全班学生无记名投票，评选出该次实训的获奖小组，并给予表扬与奖励。

三、实训报告

预算市场调查经费实训报告的格式见图 1-7。

预算市场调查经费实训报告

第 __6__ 次实训

班级_____ 学号_____ 姓名_____ 实训评分_____

实训时间_____ 实训名称__华彩市场调查经费预算__

一、实训目的

二、实训背景

三、实训要求

四、调查经费预算

五、实训心得体会

六、实训评价（指导教师填写）

图 1-7　市场调查经费预算

四、实训考核

实训成绩依据学生上课出勤、课堂讨论发言、实训报告的写作和实训报告 PPT 课件制作水平等进行评定。首先由各小组组长对组内各成员进行成绩评定，成绩分为优秀、良好、中等、及格、不及格五档；然后由指导教师对小组提交的实训报告及实训报告 PPT 进行评分；最后按照以下公式进行加权计算，计算出每个学生的最终成绩。

个人最终成绩=小组组长评定成绩×20%+指导教师评定成绩×80%

其中，小组组长评定组内成员成绩表、指导教师评定实训报告及实训报告 PPT 成绩表分别见表 1-13 与表 1-14。

表 1-13　小组组长评定组内成员成绩表

小组成员姓名	小组成员成绩				
	优秀（90分以上）	良好（80~90分）	中等（70~79分）	及格（60~69分）	不及格（60分以下）

项目 1 设计调查方案

表 1-14 指导教师评定实训报告及实训报告 PPT 成绩表

评价内容	分值（分）	评分（分）
调查经费预算合理性	30	
实训报告的完整性与科学性	30	
实训报告 PPT 设计的质量	20	
实训报告表达效果	20	
总体评分	100	

任务 7　设计调查方案

实训目的和要求

实训目的
1. 培养学生设计市场调查方案的能力；
2. 培养学生组织分工与团队合作的能力；
3. 培养学生整理分析资料与写作的能力；
4. 培养学生计算机软件应用的能力；
5. 培养学生积极讨论与口头表达的能力。

实训要求
1. 能依据调查背景科学地设计出完整的市场调查方案；
2. 能清晰地表达出该市场调查方案各部分的内容；
3. 能陈述出该次市场调查方案设计实训心得与体会；
4. 能撰写出该次市场调查方案设计的实训报告；
5. 能依据实训报告制作出该次实训的 PPT 课件。

实训例讲

天天键公司拟开展广告效果调查的背景与要求如下：

天天键公司是我国饮料市场的新秀，公司主打产品天天键口服液的重点销售区域为华南和华东地区市场，销售对象主要是中老年消费者。2015 年以前公司很少做广告宣传，但 2016 年公司年度广告投入量达到 800 万元，主要投放在电视广告、各零售点的 POP 广告、印刷品广告以及少量的灯箱广告等。

为了有针对性地开展 2017 年度的产品宣传推介工作，促进产品品牌形象的传播和产品销售量的进一步提高，以便在竞争激烈的保健品市场中立于不败之地，公司拟委托一帆市场调查公司开展一次广告效果调查，以供公司决策层参考。

公司要求本次调查自 2016 年 11 月 1 日开始至 12 月 28 日止，共计 58 天，应全部完成调查任务，并及时向公司提交市场调查报告。公司还要求一帆市场调查公司不仅要保证本次调查的建议具有一定的建设性与可操作性，而且要求市场调查的经费应控制在 12 万元以内。

试根据天天键公司拟开展广告效果调查的背景与调查工作要求，为该公司设计一份天天键口服液广告效果调查方案。

题解：

经过以上6个分项实训，我们已设计好了本次市场调查的调查目标与调查内容，选定好了调查对象与调查方法，作出了调查日程安排以及进行了调查经费预算。接下来，我们只需要将各个分项实训的内容进行综合汇总，就可形成一份天天键口服液广告效果调查方案。

天天键口服液广告效果调查方案

一、调查背景

天天键公司是我国饮料市场的新秀，公司主打产品天天键口服液的重点销售区域为华南和华东地区市场，销售对象主要是中老年消费者。2015年以前公司很少做广告宣传，但2016年公司年度广告投入量达到800万元，主要投放在电视广告、各零售点的POP广告、印刷品广告以及少量的灯箱广告等。为了有针对性地开展2017年度的产品宣传推介工作，促进产品品牌形象的传播和产品销售量的进一步提高，以便在竞争激烈的保健品市场中立于不败之地，公司拟进行一次广告效果调查，以供决策层参考。

二、调查目的

本次广告效果调查目标设计为：

1. 分析现有的各种广告媒介的宣传效果；
2. 了解现行广告作品的知晓度和顾客认同度；
3. 了解重点销售区域华南和华东地区市场的消费特征和消费习惯。

三、调查内容

本次广告效果调查的内容依据其调查目标设计为：

1. 天天键口服液的知名度，以及该产品在提高免疫力口服液市场的排名；
2. 消费者知晓天天键口服液品牌的主要信息来源和信息渠道；
3. 了解顾客对天天键口服液广告口号的喜好程度；
4. 了解公司的零售点POP广告在顾客心目中的评价；
5. 了解华南、华东地区消费者的特征，包括其职业、年龄、受教育程度、经济收入等特征，以及上述特征对消费者偏好的影响；
6. 了解上述地区顾客的消费心理和消费特点；
7. 了解消费者对天天键口服液产品的口感、包装、容量等方面的期望。

四、调查对象

1. 本次调查将在华南、华东地区两个重点市场开展，调查范围应为这两个地区的中心城市和有代表性的市县，具体选定以下10个城市：广东省的广州市、东莞市、顺德区，上海市，江苏省的南京市、苏州市、宜兴市，浙江省的杭州市、温州市、余姚市。
2. 本次市场调查的调查对象将选定为30岁以上的中老年消费群体。拟在每个城市抽取被调查者400人，按年龄层次和性别分配名额，年龄分层为：30~40岁、40~50岁、50~60岁及60岁以上，各层比例近似为1:1；性别比亦为1:1；总样本数为4000人。

五、调查方法

本次广告效果市场调查的调查方法选定为：

1. 为保证所选择被调查者的随机性，调查实施过程中被调查者的选定应采取拦截访问法。一是在街头随机拦截消费者进行访问，二是在产品经销点对正在选购产品的顾客进行拦截访问。

2. 为保证市场调查的有效性，本次调查资料收集应采取问卷调查法。一方面是为了方便被调查者的回答，另一方面可以较少地占用被调查者的时间。

六、调查人员

执行本次调查的调查人员拟聘任当地高校市场营销专业的大学生担任，每个调查点聘任两名调查员进行调查，每个城市拟招聘10名调查员，合计招聘100名大学生调查员。

七、调查日程安排

本次市场调查工作将在2016年12月28日前完成，具体日程安排见表1-15。

表1-15 调查日程安排表

工作与活动内容	时间	参与单位和活动小组	主要负责人及成员	备注
总体方案、抽样方案和问卷初步设计	11月1日至11月10日			
预调查及问卷测试	11月11日至11月15日			
问卷修正、印刷	11月16日至11月18日			
访问员挑选与培训	11月19日至11月20日			
调查访问	11月21日至12月18日			
整理并撰写报告	12月19日至12月24日			
报告打印并提交	12月25日至12月28日			

八、调查经费预算

依据天天键公司对调查经费的控制要求，调查经费开支将严格按照预算安排表执行，具体经费预算安排见表1-16。

表1-16 调查经费预算表

费用支出项目	数量	单价/元	金额/元	备注
方案设计策划费	1份	10000	10000	
抽样设计实施费			2000	
问卷设计费	1份	1000	1000	
问卷印刷装订费	4000份	1.5	6000	
调查员劳务费	100人	800	80000	
资料整理费			5000	
调查报告撰写费	1份	15000	15000	
总计			119000	

一帆市场调查公司
2016年11月20日

实训练习

一、实训背景

华彩公司拟开展大学生手提电脑消费现状市场调查，其调查背景同"任务一"。

华彩公司要求本次调查自 2016 年 6 月 1 日开始至 6 月 20 日止，共计 20 天，应全部完成调查任务，并及时向公司提交市场调查报告。公司还要求点金市场调查公司不仅要保证本次调查的建议具有一定的建设性与可操作性，而且要求市场调查的经费应控制在 12000 元以内。

试根据华彩公司拟开展大学生手提电脑消费现状调查的背景与调查工作要求，为该公司设计一份大学生手提电脑消费现状的市场调查方案。

二、实训组织

1. 组建实训小组：将教学班学生按每小组 6~8 人的标准划分成若干课题小组，每个小组指定或推选出一名组长。

2. 确定实训课题：每个小组根据市场调查方案设计的背景资料，科学地设计出一份完整的市场调查方案，并完成调查方案设计实训报告以及制作实训报告 PPT 课件。

3. 实施实训操作：各小组组长根据调查方案设计实训的要求，调配资源，明确各组员的任务，并督促大家有效地完成任务，包括：调查方案设计的草拟、修改和定稿，调查方案设计实训报告的撰写、打印，以及实训报告 PPT 课件的制作等。

4. 撰写实训报告：每个小组完成一份调查方案设计实训的实训报告，并制作成 PPT 课件，实训报告与 PPT 课件通过电子邮件或校园网提交给指导教师。

5. 陈述实训心得：由各个小组推荐的发言人或小组组长代表本小组，借助实训 PPT 课件陈述本小组的实训报告和实训心得。

6. 评价实训效果：各个小组代表陈述后，指导教师点评该次市场调查方案设计实训的情况，并由全班学生无记名投票，评选出该次实训的获奖小组，并给予表扬与奖励。

三、实训报告

设计市场调查方案实训报告的格式见图 1-8。

```
            设计市场调查方案实训报告
                 第 __7__ 次实训
班级_____    学号_____    姓名_____    实训评分_____
实训时间_____    实训名称____华彩市场调查方案设计____
一、实训目的

二、实训背景
```

图 1-8　市场调查方案设计

项目 1　设计调查方案

```
三、实训要求

四、调查方案设计

五、实训心得体会

六、实训评价（指导教师填写）
```

图 1-8　市场调查方案设计（续）

四、实训考核

实训成绩依据学生上课出勤、课堂讨论发言、实训报告的写作和实训报告 PPT 课件制作水平等进行评定。首先由各小组组长对组内各成员进行成绩评定，成绩分为优秀、良好、中等、及格、不及格五档；然后由指导教师对小组提交的实训报告及实训报告 PPT 进行评分；最后按照以下公式进行加权计算，计算出每个学生的最终成绩。

个人最终成绩=小组组长评定成绩×20%+指导教师评定成绩×80%

其中，小组组长评定组内成员成绩表、指导教师评定实训报告及实训报告 PPT 成绩表分别见表 1-17 与表 1-18。

表 1-17　小组组长评定组内成员成绩表

小组成员姓名	小组成员成绩					
	优秀（90 分以上）	良好（80～90 分）	中等（70～79 分）	及格（60～69 分）	不及格（60 分以下）

表 1-18　指导教师评定实训报告及实训报告 PPT 成绩表

评价内容	分值（分）	评分（分）
调查方案设计完整性	15	
调查方案设计科学性	15	
实训报告的完整性与科学性	30	
实训报告 PPT 设计的质量	20	
实训报告表达效果	20	
总体评分	100	

岗位知识链接

一、市场调查概述

(一) 市场调查的特征

市场调查，是指企业为某一特定的市场问题，运用科学的方法，系统地搜集、整理和分析有关市场信息资料，对市场现状进行反映和描述，以认识市场发展变化规律的过程。其特征表现为：

(1) 市场调查是一种有目的、有意识地认识市场的活动。市场调查，是企业为解决特定的市场问题，如某产品销售量大幅度下降，新产品上市的定价问题等，为企业的营销策划和营销决策提供信息资料而开展的活动。

(2) 市场调查是一个系统的过程。市场调查不是单个资料的记录、整理或分析的活动，它是一个周密策划、精心组织、科学实施，由一系列工作环节、步骤、活动组成的过程，它包括对信息的搜集、判断、整理、分析、研究等过程。

(3) 市场调查具有较强的专业性。首先，市场调查需要借助一套科学的方法，包括观察调查法、访问调查法、实验调查法等；其次，市场调查还需要运用统计学、社会学、心理学和计算机科学等方面的知识。

(二) 市场调查的类型

(1) 探索性调查，是指当研究的市场问题或范围不明确时，为了发现问题，了解市场情况而做的试探性调查。探索性调查主要用来发现问题，通过对搜集到的信息资料进行分析，找出营销问题的症结所在。

(2) 描述性调查，是指对所研究的市场现象的客观实际情况如实地加以描述和反映的市场调查。描述性调查主要用来描述客观情况，通过调查，如实地记录并描述诸如某种产品的市场潜量、顾客态度和偏好等方面的信息。

(3) 因果性调查，是指为了研究市场现象与影响因素之间客观存在的联系而进行的市场调查。因果性调查主要用来找出变量之间的因果关系，如产品价格与销售量、广告费用支出与销售量之间的关系等。

(4) 预测性调查，是指对未来可能出现的市场变动趋势进行预测所开展的市场调查。预测性调查是在描述性调查和因果性调查的基础上，对市场的潜在需求进行的估计和测算。

(三) 市场调查的作用

(1) 通过市场调查，企业可以发现营销活动中存在的问题。
(2) 通过市场调查，企业可以了解营销活动的执行情况。
(3) 通过市场调查，企业可以了解影响营销活动的环境因素及变化发展趋势。
(4) 通过市场调查，企业可以有针对性地开展市场营销活动。
(5) 通过市场调查，企业可以准确地开发市场所需的新产品。

（6）通过市场调查，企业可以提高其经营管理水平。

（四）市场调查的时机

（1）决定推出某种产品之前。企业在决定生产推出某种产品之前，必须进行市场调查，根据市场需求来制订生产计划。

（2）产品推向市场之后。一般在产品推向市场6个月左右需要开展一次市场调查，以及时发现产品在市场上出现的问题并采取相应的调整对策。

（3）新产品替代老产品之前。在新产品开发项目确定前，要进行市场调查，以最大限度地保证新产品开发的成功率。

二、调查方案设计

（一）调查方案的含义

市场调查方案，也称市场调查计划，是根据市场调查目的，在进行市场调查之前，对整个市场调查过程进行全面规划，提出相应的调查实施计划，制订出合理的工作程序的调查计划书。

市场调查方案是市场调查工作的基石，是市场调查活动的指南，是市场调查活动的考评依据。市场调查方案设计应遵循科学性原则、可行性原则和有效性原则。

（二）调查方案的内容

市场调查方案的内容一般包括调查研究背景、调查目的（任务）、调查内容、调查对象与范围、调查方法、调查日程安排、调查经费预算、调查质量控制措施等内容。

1. 调查背景

调查背景，是指市场调查项目开展时要充分考虑的一些背景因素，如政治环境、经济环境、文化环境、科技环境以及单位当前的现状等。市场调查是为市场决策服务的，它旨在通过资料的收集，探求市场发展的规律。因此，研究市场问题，必须要结合问题产生的背景环境。

2. 调查目的

调查目的，也称调查任务，就是企业市场调查所要达到的具体目标。确定调查目的，就是明确在调查中要解决哪些问题，通过调查要取得哪些资料。在实践中，调查目的的提炼可围绕以下三个方面进行。①为什么要进行调查；②通过调查想要获得什么样的资料；③利用已获得的资料想要做什么。

3. 调查内容

（1）消费者信息调查，包括：①消费者个人特征信息，如性别、年龄、文化程度、职业、收入等；②消费者需求状况信息，如价格定位、购买行为（购买能力、购买习惯、支付方式、送货方式等）、服务需要（服务要求、服务方式、服务内容等）、需求量（现实需求量、潜在需求量）等。

（2）产品或服务信息的调查，包括产品或服务的供求状况、市场占有率、产品销售趋势、现有产品或服务的满意度与不足、客户对产品或服务需求的新变化等。

（3）目标市场信息的调查，通常表现为对购买力、市场容量、变化趋势方面的调查，包括产品或服务的市场容量、供求状况、企业开拓市场的能力、企业发展市场中存在的问题（资金、渠道、产品更新等方面）、竞争格局、竞争激烈程度等。

（4）竞争对手信息的调查，主要调查企业的主要竞争对手及潜在竞争对手的数量与实力，包括主要的竞争对手、竞争对手的市场份额、实力、竞争策略、营销战略的定位和手段、发展潜力等。

（5）营销环境信息的调查，主要调查企业所面对的营销环境情况，包括：①宏观环境信息的调查，如政治法律环境、经济环境、自然环境、人口环境、科技环境、文化环境等信息；②微观环境信息的调查，如合作者、供应商、营销中介、社区公众等方面的信息。

（6）广告效果调查，是指为了获取广告对接受者的影响而做的调查，主要调查：广告的销售效果（广告发布之后，商品销售量的变化情况）和广告本身的效果（广告为社会公众的关注程度）。

4．调查对象与范围

调查对象，是指根据调查目的确定调查的范围以及所要调查的总体。调查单位，是指根据抽样设计在研究对象中抽出的承担调查内容的个别单位。

调查范围，也称调查空间，是指企业开展市场调查的区域范围，即调查在什么地区进行，在多大范围内进行。市场调查范围确定可选择的方式包括全面调查、重点调查、典型调查和抽样调查等。

（1）全面调查，也称普查，是指对调查对象中的每一个个体都进行调查的调查方式。全面调查是一种一次性调查，是为把握在某一时点上，一定范围内调查对象的基本情况而开展的调查。通过全面调查，企业可以了解市场的一些至关重要的基本情况，对市场状况做出全面、准确的描述，从而为制定市场策略、计划提供可靠的依据。

（2）重点调查，是指对调查对象中具有举足轻重地位的调查单位进行调查的调查方式。所谓重点单位，是指其单位数在总体中占的比重不大，而其某一数量标志值在总体总量中占的比重却比较大的单位。通过对这些重点单位的调查，企业可以了解总体某一数量特征的基本情况。

（3）典型调查，是指对调查对象中具有代表性或典型性的调查单位进行调查的调查方式。只要所选择的单位具有较充分的代表性，运用这种方式进行市场调查所得到的结果，应能反映市场变化的一般规律和基本趋势。

（4）抽样调查，是指从调查对象中抽取一定数量的调查单位进行调查，依据抽样的结果推断总体特征的调查方式。抽样调查是一种被广泛使用的有效的调查方式，它克服了重点调查与典型调查方式的主观随意性和样本代表性不强的弱点，又克服了全面调查组织困难与费用高的不足，是一种比较科学和客观的调查方式。

5．调查方法

市场调查方法，是指调查资料收集所采用的具体方法。一般来说，二手资料的取得，可以采取文案调查法。一手资料的取得，可以采取实地调查法。

（1）文案调查法，也称间接调查法、二手资料调查法，是指市场调查人员从单位内部或外部的各种文献、档案资料中收集有关历史和现实的市场经济活动资料，并对其进行分析研究的调查方法。

文案调查法具体包括查找法、索取法、收听法、咨询法等。

① 查找法，是指调查人员利用检索工具逐个查找文献资料的方法。如利用搜索引擎在网络上进行资料的搜索。

② 索取法，是指调查人员向有关机构直接索取所需的市场资料的方法。

③ 收听法，是指调查人员通过收听广播及新兴的多媒体传播系统而收集各种有用的信息资料的方法。

④ 咨询法，是指调查人员向有关情报或信息咨询中心进行咨询而获得资料的方法。

（2）实地调查法，也称直接调查法、一手资料调查法，是指由市场调查人员亲自收集第一手资料，经过整理分析而得出调查结论的调查方法。

实地调查法具体包括访问调查法、观察调查法、实验调查法等。

① 访问调查法，是指调查人员采用访谈询问的方式，向被调查者了解市场实际情况，搜索有关资料，从而获得有关市场信息资料的调查方法。它是市场调查中最基本的、最常用的调查方法，具体包括面谈调查、邮寄调查、电话调查、网络调查等方法。

② 观察调查法，是指调查人员通过观察，记录被调查者的言行及市场现象等，从而获得有关信息资料的调查方法。观察调查法具体包括直接观察与间接观察、公开观察与非公开观察、人工观察与仪器观察、横向观察与纵向观察等。

③ 实验调查法，是指通过实验对比来取得市场情况第一手资料的调查方法。实验调查法具体包括实验室实验调查和现场实验调查两种类型。实验室实验调查，是指在人为设计的环境中进行的实验调查。现场实验调查，是指在自然状况下进行的实验调查。

6. 调查日程安排

市场调查日程安排，也称调查进度安排，是指具体安排调查工作各个项目的起止时间与天数以及参与人员与负责人。市场调查日程安排既是调查实施过程中的具体工作计划，也是调查项目得以顺利实施的保证条件。

7. 调查经费预算

市场调查经费预算，是指对市场调查活动各种可能发生的费用项目和金额做出估计和测算，并用数字形式将它表达出来的费用开支计划。

市场调查费用一般包括调查人员的工资、交通食宿费、通信费、调查礼品费、调查问卷印刷费、资料处理费等。在进行调查经费预算时，要将可能需要的费用尽可能地考虑周到，以免将来出现一些不必要的麻烦而影响调查的进度。

一般来说，市场调查项目的经费预算构成是：调查方案策划费占30%，调查访问费占40%，调查资料整理分析费占10%，调查报告费占20%。如果是外部调查机构，还需要增加预算的30%左右作为税款及利润。

（三）调查方案的设计

1. 调查方案设计程序（见图1-9）

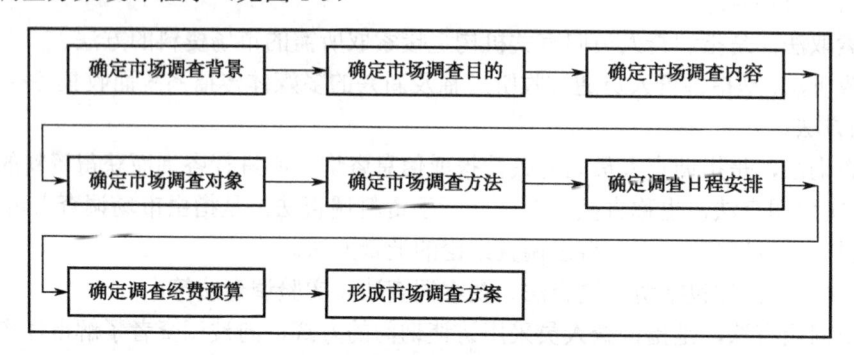

```
确定市场调查背景 → 确定市场调查目的 → 确定市场调查内容
         ↓
确定市场调查对象 → 确定市场调查方法 → 确定调查日程安排
         ↓
确定调查经费预算 → 形成市场调查方案
```

图1-9 调查方案设计程序

2. 调查职业岗位目标（见表1-19）

表1-19 市场调查职业岗位目标表

总 体 目 标	目 标 细 化
调查方案目标	1. 根据调查活动的需要编制合理、可行的市场调查方案
	2. 保证市场调查方案100%按计划执行
调查实施目标	1. 按照市场调查方案组织实施调查活动，保证调查活动的顺利执行
	2. 市场调查费用控制在预算之内
调查报告目标	1. 编制调查报告，总结调查活动执行中的经验与教训
	2. 市场调查报告质量的领导满意度得分达到_____分以上
	3. 为企业营销部门的市场推广方案、营销策略的制定提供依据

岗位业务工具

1. 市场调查方案设计模板（见表1-20）

表1-20 市场调查方案设计模板

模板一				
调查地点		调查时间	__年__月__日到__月__日	
调查目的				
影响调查效果的因素分析				
调查方法设计				
调查日程安排	时间安排	进度情况	备注	

项目 1　设计调查方案

续表

调查经费预算	费用项目	费用预算	备注
调查人员安排			
模板二			
调查地点		调查时间	__年__月__日到__月__日
调查研究背景			
调查目的			
调查方法			
调查对象			
调查日程安排	时间安排	进度情况	备注
调查经费预算	费用项目	费用预算	备注
调查人员安排			
调查质量控制措施			

2．顾客观察表格模板（见表1-21）

表1-21　顾客观察表

观 察 项 目	观察记录结果	备　　注
一、顾客的购买习惯		
1．顾客组合人数/人		
2．顾客在商店内停留时间/分钟		
3．顾客所经过的区域		
4．顾客触摸商品次数/人次		
5．向销售人员寻求帮助次数/人次		
6．购物金额/元		
7．付款方式（现金/信用卡）		
二、顾客购买商品情况	填写购买数量	
1．食品		
2．服装		
3．书籍		
4．化妆品		
……		

3. 市场调查日程安排表模板（见表1-22）

表1-22　市场调查日程安排表

模板一					
工作与活动内容	日程安排	天数	参与单位和活动小组	主要负责人及成员	备注
总体方案、抽样方案和问卷初步设计					
预调查及问卷测试					
问卷修正、印刷					
访问员挑选与培训					
调查访问					
整理并撰写市场调查报告					
市场调查报告打印并提交					
合计					

模板二					
工作与活动内容	日程安排	天数	参与单位和活动小组	主要负责人及成员	备注
调查方案设计					
调查问卷设计					
访问员挑选与培训					
实施调查访问					
整理并撰写市场调查报告					
合计					

4. 市场调查经费预算安排表模板（见表1-23）

表1-23　市场调查经费预算表

费用支出项目	数　量	单价/元	金额/元	备　注
方案设计策划费				
抽样设计实施费				
问卷设计费				
问卷印刷装订费				
调查员劳务费				
资料整理费				
调查报告撰写费				
总计				

项目 2

实施调查项目

职业岗位认识

1. 调查项目实施岗位工作描述

市场调查项目实施,是指企业按照调查计划组织相关调查人员,在确定的调查时间内到相应的调查地点,按照事先确定的调查项目与内容,针对相应的调查对象,运用一定的调查方法系统地搜集各种资料和数据的过程。它是影响市场调查质量的重要环节之一,它涉及整个市场调查活动的组织与控制,主要包括市场调查人员选择与培训、市场调查问卷设计以及市场调查过程控制等项目。企业完成市场调查的方式有多种:①企业自己独立完成全部的调查任务;②企业设计调查方案招聘其他人协助完成;③将调查任务外包给其他公司完成等。

通过市场调查项目实施的实训,学生能设计出符合调查目的的市场调查问卷,能认清市场调查人员的素质要求与职责,能认识到市场调查工作的困难,从而强化自信的心理素质,提高与人沟通的能力。

2. 市场调查项目实施的程序(见图 2-1)

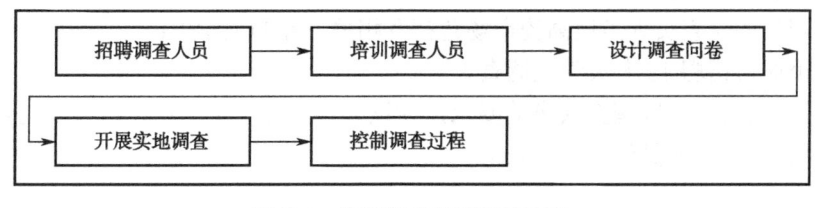

```
招聘调查人员 → 培训调查人员 → 设计调查问卷
         ↓
开展实地调查 → 控制调查过程
```

图 2-1 市场调查项目实施程序

岗位技能实训

任务1　招聘调查人员

实训目的和要求

实训目的

1. 培养学生设计调查人员招聘方案的能力；
2. 培养学生组织分工与团队合作的能力；
3. 培养学生整理分析资料与写作的能力；
4. 培养学生计算机软件应用的能力；
5. 培养学生积极讨论与口头表达的能力。

实训要求

1. 能依据调查背景设计出调查人员招聘方案；
2. 能清晰地表达出该调查人员招聘方案的内容；
3. 能撰写出该次调查人员招聘方案设计的实训报告；
4. 能依据实训报告制作出该次实训的PPT课件。

实训例讲

一帆市场调查有限公司为顺利组织天天键公司的广告效果调查，按照调查工作的需要，决定在选定的十个城市：广东省的广州市、东莞市、顺德区，上海市，江苏省的南京市、苏州市、宜兴市，浙江省的杭州市、温州市、余姚市，组织招聘一批大学生调查员。拟招聘的大学生调查员应符合以下要求：

1. 拟聘任的调查员为当地高校市场营销及相关专业的大学生；
2. 每个城市招聘10名大学生调查人员。

试根据一帆公司招聘调查人员的要求，为该公司制订一份广州地区兼职调查人员招聘方案，包括制定求职人员信息登记表格。

题解：

根据一帆公司招聘调查人员的要求，制订以下广州地区兼职调查人员招聘方案。

一帆公司广州地区兼职调查人员招聘方案

一帆市场调查有限公司是一家特色鲜明，成长性强，能用人所长，容人所短，追求业绩与鼓励进步的守信用的专业调查公司。因工作需要，拟公开招聘一批兼职调查人员。现将有关事项公告如下：

一、招聘原则

1. 坚持自愿的原则；
2. 坚持德才兼备和公开、平等、竞争、择优的原则；

3. 坚持回避制度;
4. 信息公开、过程公开、结果公开,自觉接受有关部门监督。

二、招聘计划(见表2-1)

表2-1 招聘计划表

序 号	职 位	学 历	人 数	专 业	性 别
1	调查员	专科以上	10	营销及相关专业	男女不限

三、招聘条件
1. 遵纪守法、品行端正,具有良好的思想政治素质和职业道德素质;
2. 事业心强,沟通能力强,成就动机高,愿意挑战自我;
3. 热爱调查工作,愿意从基层做起,有良好的心态和吃苦精神;
4. 身体健康,有奉献精神。

四、相关待遇
1. 所有录用人员,公司将提供统一培训,并给其制定职业生涯发展通道;
2. 调查人员的月报酬为800元/人;
3. 优秀者将被录用为正式职员,按有关政策签订聘用合同。

五、招聘程序
1. 组织工作:由公司人力资源部负责招聘的日常事务工作。
2. 信息发布:有关招聘信息,公司将通过公司网站(www.yifangdc.com.cn)和广州市大学生就业信息网(www.gzdxsjyw.com.cn)向社会公开发布。
3. 报名时间与地点:从2016年11月16日起,应聘者需携带本人身份证、毕业证或学生证到广州市东风大道1008号东风大厦504室公司广州办事处报名,或将填写好的报名表发送到公司的电子邮箱(bmb@yifangdc.com.cn),报名表(见表2-2)到公司网站上下载,报名截止时间为2016年11月18日。
4. 资格审查:公司人力资源部将按招聘人数与应聘人数1∶2比例,对报名者进行资格审查,确定符合条件的人选,并通过电话或电子邮件方式通知本人。
5. 考核办法:考核采取笔试、面试与技能测试相结合的办法,由公司人力资源部组织实施,负责对应聘者进行考核评分。根据成绩由高分到低分进行排名,确定拟聘人选。考核时间为11月19日,地点为公司广州办事处。
6. 确定人选:在笔试、面试和专业技能测试的基础上,由公司人力资源部根据考核结果择优确定聘任人选。拟聘任人员将按公司临时聘用人员的有关政策规定,签订临时聘用合同,并办理相关手续。

六、联系方式
联系人:庄小姐
联系电话:020-68089265,13513322867
电子邮箱:bmb@yifangdc.com.cn
联系地址:广州市东风大道1008号东风大厦504室公司广州办事处
邮政编码:510003

七、未尽事宜，由我公司负责解释。

一帆市场调查有限公司
2016 年 11 月 10 日

附件：求职人员信息登记表（见表 2-2）

表 2-2　一帆公司求职人员信息登记表

填表日期：　年　月　日

姓名		性别		出生年月		民族		婚否		贴近照
身高		是否党员		参加工作时间		户口所在地				
籍贯				身份证号码						
文化程度			毕业院校					毕业时间		
专业			外语水平					计算机水平		
现工作单位及职位					职称			从事专业年限		
个人简历										
特长及工作业绩										
求职意向	应聘职位						工作地点			
	月薪要求						其他要求			
联系人			手机号码					电话		
联系地址								邮编		
备注	（1）表格内容务必真实，字迹工整。 （2）请贴近照并附身份证、毕业证书等复印件一份。 （3）信息存入本单位人才库备查。									

实训练习

一、实训背景

点金市场调查有限公司为顺利组织华彩公司的大学生手提电脑消费现状的市场调查，按照调查工作的需要，决定在选定的中山大学城市学院、华南理工大学建筑设计学院、暨南大学计算机学院、广东工业大学服装设计学院等学院的大学生中，组织招聘 10 名大学生调查员。拟招聘的大学生调查员应符合以下要求：

1. 拟聘任的调查员为市场营销及相关专业的大学生；
2. 每个学院招聘 2 名大学生调查人员。

试根据点金公司招聘调查人员的要求，为该公司制定一份大学生兼职调查人员招聘方

项目 2　实施调查项目

案，包括制定求职人员信息登记表格。

二、实训组织

1. 组建实训小组：将教学班学生按每小组 6～8 人的标准划分成若干课题小组，每个小组指定或推选出一名组长。

2. 确定实训课题：每个小组根据兼职调查人员招聘方案制定的背景资料，制定出一份合适的大学生兼职调查人员招聘方案，并完成兼职调查人员招聘方案制定实训报告以及制作实训报告 PPT 课件。

3. 实施实训操作：各小组组长根据兼职调查人员招聘方案制定实训的要求，调配资源，明确各组员的任务，并督促大家有效地完成任务，包括：兼职调查人员招聘方案的草拟、修改和定稿，兼职调查人员招聘方案制定实训报告的撰写、打印，以及实训报告 PPT 课件的制作等。

4. 撰写实训报告：每个小组完成一份兼职调查人员招聘方案制定实训的实训报告，并制作成 PPT 课件，实训报告与 PPT 课件通过电子邮件或校园网提交给指导教师。

5. 陈述实训心得：由各个小组推荐的发言人或小组组长代表本小组，借助实训 PPT 课件陈述本小组的实训报告和实训心得。

6. 评价实训效果：各个小组代表陈述后，指导教师点评该次兼职调查人员招聘方案制定实训的情况，并由全班学生无记名投票，评选出该次实训的获奖小组，并给予表扬与奖励。

三、实训报告

招聘调查人员实训报告的格式见图 2-2。

```
                招聘调查人员实训报告
                     第  1  次实训
     班级_____    学号_____    姓名_____    实训评分_____
     实训时间_____         实训名称  兼职调查人员招聘方案制定

     一、实训目的

     二、实训背景

     三、实训要求

     四、兼职调查人员招聘方案

     五、实训心得体会

     六、实训评价（指导教师填写）
```

图 2-2　招聘兼职调查人员

四、实训考核

实训成绩依据学生上课出勤、课堂讨论发言、实训报告的写作和实训报告 PPT 课件制作水平等进行评定。首先由各小组组长对组内各成员进行成绩评定，成绩分为优秀、良好、中等、及格、不及格五档；然后由指导教师对小组提交的实训报告及实训报告 PPT 进行评分；最后按照以下公式进行加权计算，计算出每个学生的最终成绩。

个人最终成绩=小组组长评定成绩×20%+指导教师评定成绩×80%

其中，小组组长评定组内成员成绩表、指导教师评定实训报告及实训报告 PPT 成绩表分别见表 2-3 与表 2-4。

表 2-3　小组组长评定组内成员成绩表

小组成员姓名	小组成员成绩				
	优秀（90分以上）	良好（80~90分）	中等（70~79分）	及格（60~69分）	不及格（60分以下）

表 2-4　指导教师评定实训报告及实训报告 PPT 成绩表

评价内容	分值（分）	评分（分）
兼职调查人员招聘方案的完整性	15	
兼职调查人员招聘方案的合理性	15	
实训报告的完整性与科学性	30	
实训报告 PPT 设计的质量	20	
实训报告表达效果	20	
总体评分	100	

任务 2　培训调查人员

实训目的和要求

实训目的

1. 培养学生设计调查人员培训方案的能力；
2. 培养学生组织分工与团队合作的能力；
3. 培养学生整理分析资料与写作的能力；
4. 培养学生计算机软件应用的能力；
5. 培养学生积极讨论与口头表达的能力。

项目 2　实施调查项目

实训要求

1. 能依据调查背景设计出调查人员培训方案;
2. 能清晰地表达出该调查人员培训方案的内容;
3. 能撰写出该次调查人员培训方案设计的实训报告;
4. 能依据实训报告制作出该次实训的 PPT 课件。

实训例讲

一帆市场调查有限公司拟对招聘到的 100 名大学生调查员开展岗前培训,其中,广州地区 10 名大学生调查员的培训时间为 2016 年 11 月 20 日,上午 8:30—11:30;下午 2:30—4:30。培训地点为广州市东风大道 1008 号东风大厦 504 室公司广州办事处。培训内容包括本次调查的意义、目的、调查内容与要求,调查的技巧,调查人员的行为准则以及团队合作建设等。

试根据一帆公司对调查人员培训的要求,为该公司制订一份广州地区调查人员培训方案。

题解：

根据一帆公司对调查人员培训的要求,制订以下广州地区调查人员培训方案。

一帆公司广州地区调查人员培训方案

一、培训对象

本次培训的对象为公司新招聘的 10 名大学生调查人员。

二、培训目标

1. 能明确调查员应具备的基本素质要求;
2. 能明确本次调查的意义、目的、内容及要求;
3. 能学会市场调查的基本技巧;
4. 能认识到调查团队合作的重要性;
5. 能学会与队员合作的方式与方法。

三、培训时间

本次培训的培训时间为 2016 年 11 月 20 日,上午 8:00—11:30;下午 2:00—5:30。

四、培训地点

本次培训的培训地点为广州市东风大道 1008 号东风大厦 504 室公司广州办事处。

五、培训内容

本次培训的内容设置见表 2-5。

表 2-5　调查培训内容

序号	培训项目	培训内容	时数	讲师
1	调查人员心理素质	自信心建立,鼓励接触陌生人,遭到拒访后不怕失败的自我调整,继续学习的心态	1	陈宏宇
2	调查项目知识	本次调查的意义、目的、调查内容、调查程序以及调查的要求	1	唐海峰
3	调查技巧	如何建立和谐气氛的技巧,把握受访者心态的技巧,提问技巧,处理拒绝访问的技巧,访问员自身安全保护的技巧等	1	郑扬

续表

序　号	培训项目	培 训 内 容	时　数	讲　师
4	模拟训练	问卷内容的解释与讨论（包括问卷设计观念,题目说明技巧,解决访问员提出的疑问等）；提供实地调查访问经验（室内模拟访问及实地演练）	1	陈莉珊
5	团队建设	团队建设活动,体验式培训	2	李映青
6	合计		6	

六、培训方式

本次培训的方式以面授为主,辅以案例、小组讨论、模拟训练与团队建设游戏等多种方式。

七、培训资料

1. 学员手册
2. 培训评估表（见表2-6）

表2-6　培训评估表

培训教师		培训时间				
学员编号		学员姓名				
评估项目	评估内容	评分（分）				
		5	4	3	2	1
培训课程	培训课程的实用性					
	培训课程的难易程度					
	课程时间安排的合理性					
培训讲师	讲师的风格					
	讲授清晰、有条理					
	授课技巧					
	课堂气氛					
培训组织	培训场地的布置					
	相关设施的准备					
	后勤工作的准备					
	对此次培训工作组织情况的整体评价					
对此次培训的总体评价						
对参与此次培训的心得体会						
对此次培训有何改进的意见与建议						

一帆市场调查有限公司

2016年11月15日

项目 2　实施调查项目

实训练习

一、实训背景

点金市场调查有限公司拟对招聘到的 10 名大学生调查员开展岗前培训，培训时间为 2016 年 6 月 5—6 日，每天上午 8:30—11:30；下午 2:30—4:30。培训地点为广州市珠江路 224 号珠江大厦 3 楼公司会议室。培训教师、培训时数及培训内容见表 2-7。本次培训的方式以面授为主，辅以案例、小组讨论、模拟训练与团队建设游戏等多种方式。

表 2-7　调查人员培训安排表

序号	培训项目	培训内容	时数	讲师
1	调查人员心理素质	自信心建立，鼓励接触陌生人，遭到拒访后不怕失败的自我调整，继续学习的心态	2	李青
2	调查项目知识	本次调查的意义、目的、调查内容、调查程序以及调查的要求	2	郑峰
3	调查技巧	如何建立和谐气氛的技巧，把握受访者心态的技巧，提问技巧，处理拒绝访问的技巧，访问员自身安全保护的技巧等	2	陈扬
4	模拟训练	问卷内容的解释与讨论（包括问卷设计观念，题目说明技巧，解决访问员提出的疑问等）；提供实地调查访问经验（室内模拟访问及实地演练）	2	李莉
5	团队建设	团队建设活动，体验式培训	2	陈锋
6	合计		10	

试根据点金公司对调查人员培训的要求，为该公司制订一份调查人员培训方案。

二、实训组织

1. 组建实训小组：将教学班学生按每小组 6~8 人的标准划分成若干课题小组，每个小组指定或推选出一名组长。

2. 确定实训课题：每个小组根据兼职调查人员培训方案制定的背景资料，制定出一份合适的大学生兼职调查人员培训方案，并完成兼职调查人员培训方案制定实训报告以及制作实训报告 PPT 课件。

3. 实施实训操作：各小组组长根据兼职调查人员培训方案制定实训的要求，调配资源，明确各组员的任务，并督促大家有效地完成任务，包括：兼职调查人员培训方案的草拟、修改和定稿，兼职调查人员培训方案制订实训报告的撰写、打印，以及实训报告 PPT 课件的制作等。

4. 撰写实训报告：每个小组完成一份兼职调查人员培训方案制订实训的实训报告，并制作成 PPT 课件，实训报告与 PPT 课件通过电子邮件或校园网提交给指导教师。

5. 陈述实训心得：由各个小组推荐的发言人或小组组长代表本小组，借助实训 PPT 课件陈述本小组的实训报告和实训心得。

6. 评价实训效果：各个小组代表陈述后，指导教师点评该次兼职调查人员培训方案制订实训的情况，并由全班学生无记名投票，评选出该次实训的获奖小组，并给予表扬与奖励。

三、实训报告

培训调查人员实训报告的格式见图2-3。

```
                培训调查人员实训报告
                     第  2  次实训
    班级_____  学号_____  姓名_____  实训评分_____
    实训时间_____  实训名称__兼职调查人员培训方案制订__

    一、实训目的

    二、实训背景

    三、实训要求

    四、兼职调查人员培训方案

    五、实训心得体会

    六、实训评价（指导教师填写）
```

图2-3　培训调查人员

四、实训考核

实训成绩依据学生上课出勤、课堂讨论发言、实训报告的写作和实训报告PPT课件制作水平等进行评定。首先由各小组组长对组内各成员进行成绩评定，成绩分为优秀、良好、中等、及格、不及格五档；然后由指导教师对小组提交的实训报告及实训报告PPT进行评分；最后按照以下公式进行加权计算，计算出每个学生的最终成绩。

个人最终成绩=小组组长评定成绩×20%+指导教师评定成绩×80%

其中，小组组长评定组内成员成绩表、指导教师评定实训报告及实训报告PPT成绩表分别见表2-8与表2-9。

表2-8　小组组长评定组内成员成绩表

小组成员姓名	小组成员成绩					
	优秀 （90分以上）	良好 （80~90分）	中等 （70~79分）	及格 （60~69分）	不及格 （60分以下）

表 2-9 指导教师评定实训报告及实训报告 PPT 成绩表

评价内容	分值（分）	评分（分）
调查人员培训方案的完整性	15	
调查人员培训方案的合理性	15	
实训报告的完整性与科学性	30	
实训报告 PPT 设计的质量	20	
实训报告表达效果	20	
总体评分	100	

任务 3　设计调查问卷

实训目的和要求

实训目的

1. 培养学生设计市场调查问卷的能力；
2. 培养学生组织分工与团队合作的能力；
3. 培养学生整理分析资料与写作的能力；
4. 培养学生计算机软件应用的能力；
5. 培养学生积极讨论与口头表达的能力。

实训要求

1. 能依据调查背景设计出一份合适的调查问卷；
2. 能清晰地表达出该市场调查问卷的内容；
3. 能撰写出该次市场调查问卷设计的实训报告；
4. 能依据实训报告制作出该次实训的 PPT 课件。

实训例讲

一帆公司拟选择问卷调查方法对被调查者进行调查，受托的天天键公司广告效果调查的内容如下。

1．天天键口服液的知名度，以及该产品在提高免疫力口服液市场的排名；
2．消费者知晓天天键口服液品牌的主要信息来源和信息渠道；
3．了解顾客对天天键口服液广告口号的喜好程度；
4．了解公司的零售点 POP 广告在顾客心目中的评价；
5．了解华南、华东地区消费者的特征，包括其职业、年龄、受教育程度、经济收入等特征，以及上述特征对消费者偏好的影响；
6．了解上述地区顾客的消费心理和消费特点；
7．了解消费者对天天键口服液产品的口感、包装、容量等方面的期望。

试根据天天键公司广告效果调查的内容，设计一份合适的市场调查问卷。

题解：

根据天天键公司广告效果调查的内容，设计以下市场调查问卷。

天天键口服液广告效果调查问卷

尊敬的顾客：

您好！

我是一帆市场调查公司的调查人员。为了更好地满足您对天天键口服液的需求，我公司正在进行一项有关天天键口服液广告宣传效果的调查，您的回答对我们非常更要，恳请您参与我们的调查，以便我们在新的一年能提高和改进，更好地满足您的需求。谢谢！

1. 请问您的职业是（   ）
   A. 机关公务员　　B. 事业单位干部　　C. 教科文卫人员　　D. 公司职员
   E. 企业管理人员　F. 企业工人　　　　G. 个体经营者　　　H. 家务劳动者
   I. 离退休人员　　J. 其他
2. 请问您的年龄是（   ）
   A. 30岁以下　　　B. 30～40岁　　　　C. 40～50岁　　　　D. 50～60岁
   E. 60岁以上
3. 请问您的月收入是（   ）
   A. 2000元以下　　B. 2000～4000元　　C. 4000～6000元　　D. 6000元以上
4. 您购买过天天键口服液吗（   ）
   A. 没有购买过　　B. 购买过一次　　　C. 购买过多次　　　D. 经常购买
5. 您购买天天键口服液是自己喝，还是送礼，或是其他呢（   ）
   A. 自己喝　　　　B. 送给长辈　　　　C. 送给领导　　　　D. 送给其他人
   E. 其他
6. 您购买天天键口服液的价格是（   ）
   A. 40元以下　　　B. 40～60元　　　　C. 60～80元　　　　D. 80元以上
7. 您认为天天键口服液的价格制定得（   ）
   A. 太高　　　　　B. 较高　　　　　　C. 合理　　　　　　D. 较低
8. 您觉得天天键口服液的口感能符合您的口味吗（   ）
   A. 很符合　　　　B. 较符合　　　　　C. 一般符合　　　　D. 不符合
9. 您认为天天键口服液的包装能否符合您的心意（   ）
   A. 很符合　　　　B. 较符合　　　　　C. 一般符合　　　　D. 不符合
10. 您选择天天键口服液的容量是多少（   ）
    A. 20ml　　　　　B. 40ml　　　　　　C. 60ml　　　　　　D. 100ml
11. 您认为天天键口服液对您的身体健康有帮助吗（   ）
    A. 有　　　　　　B. 没有　　　　　　C. 不清楚
12. 您购买天天键口服液一般喜欢在什么地方（   ）
    A. 商场　　　　　B. 超市　　　　　　C. 专卖店　　　　　D. 其他
13. 您是否看过天天键口服液的广告（   ）
    A. 是　　　　　　B. 否
14. 您看过的天天键口服液的广告是哪种形式（   ）

A. 电视广告　　　　B. 售点广告　　　　C. 印刷广告　　　　D. 灯箱广告

15. 您认为天天键口服液的广告做得怎么样（　　）

A. 很好　　　　　　B. 较好　　　　　　C. 一般　　　　　　D. 不太好

16. 您认为哪种形式的广告做得最有吸引力（　　）

A. 电视广告　　　　B. 售点广告　　　　C. 印刷广告　　　　D. 灯箱广告

17. 您觉得天天键口服液的销售人员的服务态度如何（　　）

A. 很好　　　　　　B. 较好　　　　　　C. 一般　　　　　　D. 不太好

18. 您认为天天键口服液还应从哪些方面做出改进？

谢谢您的配合与支持！您提供的资料，我们决不对外公开！

一帆市场调查有限公司
2016 年 11 月

实训练习

一、实训背景

点金公司拟选择问卷调查方法对被调查者进行调查，受托的华彩公司大学生手提电脑消费现状调查的内容如下。

1. 行业市场环境调查内容

（1）笔记本电脑市场的容量及发展潜力；

（2）大学及学院间不同消费层的消费状况；

（3）学校教学、生活环境对该行业发展的影响；

（4）当前笔记本电脑种类、品牌及销售状况；

（5）各大学该行业各产品的经销网络状况。

2. 消费者调查内容

（1）消费者对笔记本电脑使用情况与消费心理（必需品、偏爱、经济、便利、时尚等）；

（2）消费者对笔记本各品牌的了解程度（包括功能特性、价格、质量保证等）；

（3）消费者对品牌的意识、对华彩品牌及竞争品牌的喜好程度及品牌忠诚度；

（4）消费者消费能力、消费层次及消费结构；

（5）消费者理想的笔记本电脑描述（包括笔记本的颜色、外观、价格、功能、内存大小等方面的偏好与需求）。

3. 竞争者调查内容

（1）主要竞争者的产品与品牌的优、劣势；

（2）主要竞争者的营销方式与营销策略；

（3）主要竞争者市场概况；

（4）本产品主要竞争者的经销网络状况。

试根据华彩公司大学生手提电脑消费现状调查的内容，设计一份合适的市场调查问卷。

二、实训组织

1. 组建实训小组：将教学班学生按每小组 6~8 人的标准划分成若干课题小组，每个小组指定或推选出一名组长。

2. 确定实训课题：每个小组根据调查问卷设计的背景资料，设计出一份能符合调查内容要求的市场调查问卷，并完成调查问卷设计实训报告以及制作实训报告 PPT 课件。

3. 实施实训操作：各小组组长根据调查问卷设计实训的要求，调配资源，明确各组员的任务，并督促大家有效地完成任务，包括：调查问卷的草拟、修改和定稿，调查问卷设计实训报告的撰写、打印，以及实训报告 PPT 课件的制作等。

4. 撰写实训报告：每个小组完成一份调查问卷设计实训的实训报告，并制作成 PPT 课件，实训报告与 PPT 课件通过电子邮件或校园网提交给指导教师。

5. 陈述实训心得：由各个小组推荐的发言人或小组组长代表本小组，借助实训 PPT 课件陈述本小组的实训报告和实训心得。

6. 评价实训效果：各个小组代表陈述后，指导教师点评该次调查问卷设计实训的情况，并由全班学生无记名投票，评选出该次实训的获奖小组，并给予表扬与奖励。

三、实训报告

设计调查问卷实训报告的格式见图 2-4。

设计调查问卷实训报告

第 __3__ 次实训

班级_____ 学号_____ 姓名_____ 实训评分_____

实训时间_____ 实训名称____市场调查问卷设计____

一、实训目的

二、实训背景

三、实训要求

四、市场调查问卷

五、实训心得体会

六、实训评价（指导教师填写）

图 2-4　设计调查问卷

四、实训考核

实训成绩依据学生上课出勤、课堂讨论发言、实训报告的写作和实训报告 PPT 课件制作水平等进行评定。首先由各小组组长对组内各成员进行成绩评定，成绩分为优秀、良好、中等、及格、不及格五档；然后由指导教师对小组提交的实训报告及实训报告PPT进行评分；最后按照以下公式进行加权计算，计算出每个学生的最终成绩。

个人最终成绩=小组组长评定成绩×20%+指导教师评定成绩×80%

其中，小组组长评定组内成员成绩表、指导教师评定实训报告及实训报告PPT成绩表分别见表2-10与表2-11。

表2-10 小组组长评定组内成员成绩表

小组成员姓名	小组成员成绩				
	优秀（90分以上）	良好（80~90分）	中等（70~79分）	及格（60~69分）	不及格（60分以下）

表2-11 指导教师评定实训报告及实训报告PPT成绩表

评价内容	分值（分）	评分（分）
调查问卷的完整性	15	
调查问卷的合理性	15	
实训报告的完整性与科学性	30	
实训报告PPT设计的质量	20	
实训报告表达效果	20	
总体评分	100	

任务4 调查质量控制

实训目的和要求

实训目的

1. 培养学生设计调查质量控制方案的能力；
2. 培养学生组织分工与团队合作的能力；
3. 培养学生整理分析资料与写作的能力；
4. 培养学生计算机软件应用的能力；
5. 培养学生积极讨论与口头表达的能力。

实训要求

1. 能依据调查背景设计出调查质量控制方案；
2. 能清晰地表达出该调查质量控制方案的内容；
3. 能撰写出该次调查质量控制方案设计的实训报告；
4. 能依据实训报告制作出该次实训的PPT课件。

实训例讲

天天键公司对一帆市场调查公司强调：本次天天键口服液广告效果调查不仅要把市场调查的经费控制在 12 万元以内，而且要保证本次调查的建议具有一定的建设性与可操作性。为此，一帆公司要求调查人员必须做好调查工作质量的控制，以保证调查报告能提出建设性的意见。

试根据一帆公司对调查工作质量控制的要求，为该公司制订一份调查工作质量控制的方案。

题解：

根据一帆公司对调查工作质量控制的要求，制订以下调查工作质量控制的方案。

一帆公司调查工作质量控制方案

一、调查人员工作要求

1. 公司所有调查人员都有保守公司秘密的责任，对参与项目所涉及的客户、品牌、项目内容和方法等任何信息不得向外透露。公司的调查问卷、资料不得私下抄录、复印或向他人透露。

2. 调查人员要服从有关项目督导的安排，对所做的工作应持认真、负责的态度，确保调查工作质量。

3. 如果调查人员所做的工作达不到培训或督导预先规定的要求，公司有权酌情扣除其劳务费，直到扣除在公司的全部劳务费为止。

二、调查人员奖惩制度

1. 奖励制度

若调查人员在工作期间能认真对待调查工作，所获得的调查资料真实、有效、完整，且被受访客户提出书面或口头表扬，则一方面公司将与该调查人员签订长期的兼职合同，另一方面给予本次调查工作奖励 100 元/人。

2. 惩罚制度

凡有以下情况，公司有权废除该调查人员就该项目所做的所有问卷，并扣除一定的调查工作劳务费，并通告全体调查人员。

（1）通知培训不到或培训迟到；

（2）调查人员根本未去指定的地点进行调查，自己编造问卷；

（3）调查人员不遵守公司的保密原则，私自将项目资料及内容透露给他人或不将项目的有关资料交回公司；

（4）开放题追问不详细，或书写不规范，字迹潦草；

（5）开放题有互相抄袭行为；

（6）跳问或少问问卷的内容；

（7）被要求进行补问、补做时，不去补问、补做，而是自己填写问卷的内容；

（8）在被要求进行补问、补做时，只补问、补做其中一部分，剩余部分则由自己填写；

（9）不按规定时间上交问卷；

（10）自行截留应赠与被调查者的赠品、礼品等。

项目 2　实施调查项目

三、现场督导与复核制度

1. 及时检查完成的问卷。对已完成的问卷必须及时上交给督导进行检查，若发现问卷记录不规范，有较多缺失数据以及答案不符合逻辑关系等，则要求调查员及时进行补救或重新调查。

2. 严格各种文档管理。对现场操作中的每个阶段都实行文档管理，包括问卷收发与回收记录表、入户调查（拦截访问）接触表、项目进度表、巡查记录表、问卷审核记录表等（见表 2-12～表 2-16）。

表 2-12　问卷收发与回收记录表

序　号	调 查 员	发放问卷数量	调查员签名	回收问卷数量	督 导 签 名

表 2-13　入户调查（拦截访问）接触表

调查员编号		调查员姓名	
访问时间		被调查者联系方式	
成功访问的实施情况			
未成功访问的具体原因			

表 2-14　项目进度表

序　号	项　目	内　容	完 成 时 间	责 任 人
1				
2				
3				

续表

序号	项目	内容	完成时间	责任人
4				

表2-15　巡查记录表

序号	调查员	已完成问卷数	未完成问卷数	总体评价	存在的问题	改进建议	巡查时间	巡查地点

巡查员：

表2-16　问卷审核记录表

序号	调查员	完成问卷数	有效问卷数	有效率	主要问题	审核员	审核时间

3. 定期开展调查工作总结。随着现场调查活动的开展，一方面，调查人员应定期提交工作总结，汇报调查过程中的情况，包括成绩与存在问题；另一方面，督导应定期将调查人员集中起来进行座谈总结，交流调查经验与体会，研究处理棘手问题的方法。

4. 及时进行调查复核。督导应及时向受访者求证调查过程，包括是否已接受过调查，接受调查的时间、地点是否属实，调查问卷内容是否真实，以及了解调查人员的态度等。

一帆市场调查有限公司
2016年11月

实训练习

一、实训背景

华彩公司对点金市场调查公司强调：本次大学生手提电脑消费现状的调查不仅要把市场调查的经费控制在12000元以内，而且要保证本次调查的建议具有一定的建设性与可操作性。为此，点金公司要求调查人员必须做好调查工作质量的控制，以保证调查报告能提出建设性的意见。

试根据点金公司对调查工作质量控制的要求，为该公司制订一份调查工作质量控制的方案。

二、实训组织

1．组建实训小组：将教学班学生按每小组 6～8 人的标准划分成若干课题小组，每个小组指定或推选出一名组长。

2．确定实训课题：每个小组根据调查工作质量控制方案制订的背景资料，设计出一份能符合调查质量控制要求的调查工作质量控制方案，并完成调查工作质量控制方案设计实训报告以及制作实训报告 PPT 课件。

3．实施实训操作：各小组组长根据调查工作质量控制方案制订的要求，调配资源，明确各组员的任务，并督促大家有效地完成任务，包括：调查工作质量控制方案的草拟、修改和定稿，调查工作质量控制方案设计实训报告的撰写、打印，以及实训报告 PPT 课件的制作等。

4．撰写实训报告：每个小组完成一份调查工作质量控制方案设计的实训报告，并制作成 PPT 课件，实训报告与 PPT 课件通过电子邮件或校园网提交给指导教师。

5．陈述实训心得：由各个小组推荐的发言人或小组组长代表本小组，借助实训 PPT 课件陈述本小组的实训报告和实训心得。

6．评价实训效果：各个小组代表陈述后，指导教师点评该次调查工作质量控制方案设计实训的情况，并由全班学生无记名投票，评选出该次实训的获奖小组，并给予表扬与奖励。

三、实训报告

调查质量控制实训报告的格式见图 2-5。

```
            调查质量控制实训报告
                第 __4__ 次实训
   班级_____    学号_____    姓名_____    实训评分_____
   实训时间_____    实训名称 市场调查工作质量控制方案设计
   一、实训目的

   二、实训背景

   三、实训要求

   四、市场调查工作质量控制方案

   五、实训心得体会

   六、实训评价（指导教师填写）
```

图 2-5　调查质量控制

四、实训考核

实训成绩依据学生上课出勤、课堂讨论发言、实训报告的写作和实训报告 PPT 课件制作水平等进行评定。首先由各小组组长对组内各成员进行成绩评定,成绩分为优秀、良好、中等、及格、不及格五档;然后由指导教师对小组提交的实训报告及实训报告 PPT 进行评分;最后按照以下公式进行加权计算,计算出每个学生的最终成绩。

个人最终成绩=小组组长评定成绩×20%+指导教师评定成绩×80%

其中,小组组长评定组内成员成绩表、指导教师评定实训报告及实训报告 PPT 成绩表分别见表 2-17 与表 2-18。

表 2-17　小组组长评定组内成员成绩表

小组成员姓名	小组成员成绩				
	优秀 (90分以上)	良好 (80~90分)	中等 (70~79分)	及格 (60~69分)	不及格 (60分以下)

表 2-18　指导教师评定实训报告及实训报告 PPT 成绩表

评价内容	分值(分)	评分(分)
调查工作质量控制方案的完整性	15	
调查工作质量控制方案的合理性	15	
实训报告的完整性与科学性	30	
实训报告 PPT 设计的质量	20	
实训报告表达效果	20	
总体评分	100	

岗位知识链接

一、调查人员培训

(一)调查人员的概述

1. 调查人员构成

市场调查人员是指从事市场调查活动的人员。一般来说,市场调查人员包括以下人员。

(1)管理人员。管理人员是指调查机构的总负责人和各部门的负责人,他们的职责是组织、控制整个调查机构或部门的运作,协调下属各个部门之间的关系,制定管理规则、人员职责、工作流程等。

(2)研究人员。研究人员通常指调查项目经理、客户经理或研究总监,包括调查的高级研究人员和一般研究人员。

（3）督导。督导是访问员的管理者，负责访问员的招聘、培训，对访问员的工作进行指导、监督和检查。

（4）访问员或调查员。访问员或调查员是对被调查者进行访问调查，采集原始信息数据的专职或兼职的人员。

（5）数据录入员。数据录入员是负责对收集到的问卷资料进行编码，并将数据、资料输入计算机，以便研究人员作统计分析处理，同时对一般资料性文件进行编辑、打印的人员。

（6）资料员。资料员是负责收集、分类、整理、归档各种商业资料，以供研究人员查询使用的人员。

2．调查人员的素质要求

（1）敬业，有责任心。

（2）稳重，有耐心且能循循善诱使受访者合作。

（3）善于与陌生人沟通，能使用被访问者熟悉的语言，应变能力强。

（4）心态积极，能认真完成预定的访问工作。

（5）能仔细记录访问答案，减少粗心造成的调查误差。

（6）有一定的心理承受能力。

3．市场调查行业的职业道德

（1）市场调查承担（受托）者的职业道德

① 必须严格按照委托方的要求进行调查；

② 要保证准确、及时地向委托方提供调查报告；

③ 要保证提交信息的真实性，不得做有违实际情况的描述；

④ 要注意保密；

⑤ 固守调查研究的科学标准，不隐瞒任何事实真相；

⑥ 不得伪造数据；

⑦ 视所有调查信息，包括处理过程的结果，为委托方的独有财产；

⑧ 在发布、出版或使用任何调查信息或数据前，都要获得委托方的允诺和批准。

（2）市场调查委托方的职业道德

① 不得在确定调查承担者后仍然招标；

② 不得通过招标方式获得免费的调查方案；

③ 不得进行虚假承诺；

④ 不得无故拖延调查费用的支付时间或克扣报酬。

（二）调查人员的招聘（见图 2-6）

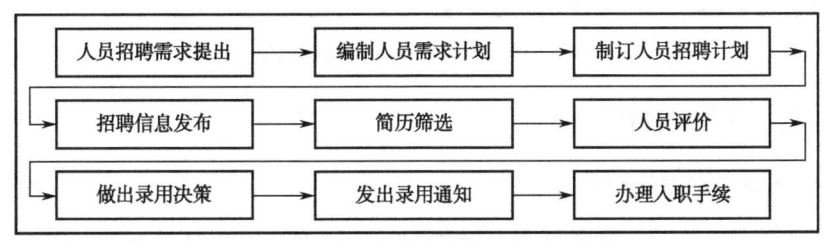

图 2-6 调查人员招聘程序

(三）调查人员的培训

1．调查人员培训的方法

（1）入门培训。入门培训是每个备选访问员必须接受的，培训完成后要通过相应的考核才能具备初级访问员资格。

（2）访问技巧培训。访问技巧培训是针对每一位要升级的访问员下一个级别岗位要承担的访问工作中需要的访问技巧进行培训。如电话访问的技巧，入户访问的技巧，以及现场操作过程中的难点解析等。

（3）项目培训。项目培训是针对每个具体项目实施之前，对将要实施的项目访问的访问员进行专项培训，并进行相关的模拟训练。

2．调查人员培训的内容

（1）市场营销知识的培训。市场营销知识培训必须讲到的内容包括市场、市场定位、市场细分、市场竞争、产品生命周期、品牌、促销、公共关系、4P（产品（Product）、价格（Price）、渠道（Place）和促销（Promotion））与4C（顾客（Customer）、成本（Cost）、便利（Convenience）和沟通（Communication））等。

（2）市场调查重要性的培训。市场调查重要性培训内容包括市场调查问题性质、访问员的态度与访问员的行为准则等。

① 市场调查问题性质。调查数据的质量直接影响着调查结果的正确性，而数据资料来自于实地调查。访问员对工作的懈怠、舞弊都会造成数据误差，使调查结论失真。

② 访问员的态度。访问员态度的好坏决定了调查质量的高低。访问员态度培训包括自信心的建立、鼓励接触陌生人、遭到拒访后不怕失败自我调整、继续学习的心态等。

③ 访问员的行为准则。对参与项目所涉及的所有客户、品牌、项目内容和方法等任何信息不得向外透露；问卷、资料不得私下抄录、复印或向他人透露；对所做的工作要认真、负责，确保调查工作质量。

（3）调查基础知识培训。包括对调查的基本认识、抽样技术、调查方法和调查流程等。

（4）访问技巧培训。包括如何建立和谐气氛的技巧、把握受访者心态的技巧、提问技巧、处理拒绝访问的技巧、访问员自身安全保护的技巧等。

（5）模拟训练。包括问卷内容的解释与讨论（包括问卷设计观念、题目说明技巧、解决访问员提出的疑问等），提供实地调查访问经验（室内模拟访问及实地演练）。

3．调查人员培训的程序（见图2-7）

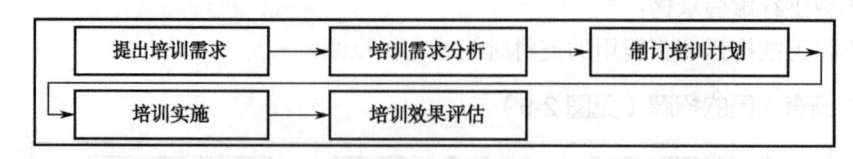

提出培训需求 → 培训需求分析 → 制订培训计划 → 培训实施 → 培训效果评估

图2-7 市场调查人员培训程序

二、调查问卷设计

（一）市场调查问卷的概述

市场调查问卷，也称市场调查表、访问表或询问工具，它是一种以书面形式了解被调查对象的反应与看法,并以此获得调查资料和信息的载体。

1. 调查问卷的作用

(1) 问卷提供了标准化、统一化的数据收集程序,它使问题的表述用语和提问的程序标准化。

(2) 每一个调查员询问完全相同的问题,每一个被调查者看到或听到的相同的文字和问题,使所得数据具有可比性。

2. 优秀调查问卷的标准

(1) 它能够完成所有的调查目标,以满足调查使用者的信息需求。

(2) 它能够以适当的语言与被调查者沟通,并取得被调查者的合作。

(3) 它易于管理,便于记录,可快捷地编辑和检查,方便编码和录入数据。

(二) 市场调查问卷的构成

1. 问卷开头

问卷开头,也称卷首语、指导语,主要用于介绍调查的目的、意义、填答说明、问候语,以及调查完成后的礼品赠送情况等。

2. 问卷正文

问卷正文,是调查问卷的主体部分,是调查者所要了解调查的具体内容部分,包括所要调查的问题和答案。

(1) 从形式上看,问题可以分为开放式、封闭式和半封闭式三种。

开放式问题,是指问卷所提的问题事先没有确定的答案,被调查者可以自由回答问题,不受任何限制地提问。该类提问能真实地了解被调查者的态度和情况,但答案很难归纳统计,一般只能有一两个。封闭式问题,是指问卷内的题目,调查者事先给定了答案或范围,被调查者只能选择其中一项或几项的提问,包括是非题、单项选择题、多项选择题、排序题、事实性问题等。半封闭式问题,是指介于开放式与封闭式问题之间,答案既有固定的、标准的,也有让被调查者自由发挥的。

(2) 从内容上看,问题可以分为事实性问题、断定性问题、假设性问题和敏感性问题等。

事实性问题要求调查对象回答有关的事实情况,如姓名、性别、出生年月、文化程度、家族成员等。断定性问题是假定某个调查对象在某个问题上确有其行为或态度,然后进一步了解另外一些行为或态度。假设性问题是指假定某种情况已经发生,了解调查对象将采取什么行为或态度。敏感性问题是指涉及个人社会地位、政治声誉、私人生活,或者不为社会道德和法纪所允许的行为等方面的问题。

3. 问卷结尾

问卷结尾,主要用于记录被调查者意见、感受或记录调查情况,也可以是感谢和承诺对调查资料保密的信息,以及访问时间、访问员姓名、编号、审核员姓名,问卷编号及其他补充说明的信息。

(三) 调查问卷设计的要求

1. 调查问卷设计的基本要求

(1) 目的性要求。调查问卷中的问题必须与调查主题密切关联,避免可有可无的问题。

(2) 可接受性要求。调查问卷的设计要容易被被调查者接受。问卷要充分尊重被调查者，对于涉及个人资料的，必须要有隐私保护说明。

(3) 顺序性要求。设计问卷时，要合理安排问题排列顺序，使问卷条理清晰。

(4) 简明性要求。调查内容简明，调查问题简短，调查问卷不宜过长，问卷形式简明易懂、易读。

(5) 匹配性要求。设计问题时应事先考虑对回答结果作适当的分类和解释，使被调查者的回答易于进行检索、数据处理和分析。

2．调查问卷设计的程序（见图2-8）

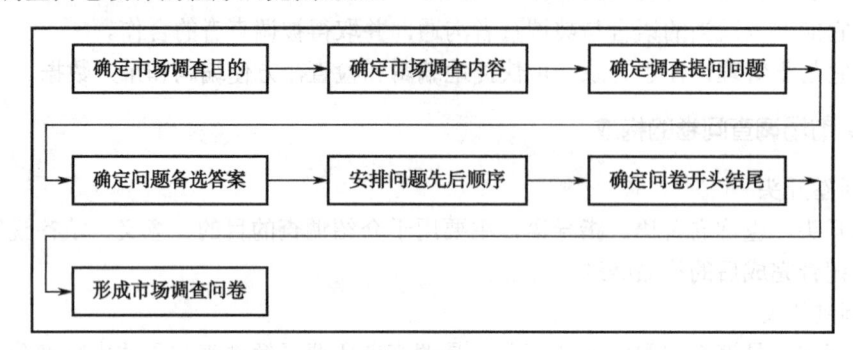

```
确定市场调查目的 → 确定市场调查内容 → 确定调查提问问题
确定问题备选答案 → 安排问题先后顺序 → 确定问卷开头结尾
形成市场调查问卷
```

图 2-8　市场调查问卷设计程序

（四）调查问卷设计的技巧

1．问题表述的技巧

(1) 具体性原则。问题要具体，不要抽象、笼统。

(2) 单一性原则。问题要单一，不要把两个或两个以上的问题合在一起提。

(3) 通俗性原则。表述问题的语言要通俗，不要使用被调查者感到陌生的词语，也不要使用过于专业化的术语。

(4) 准确性原则。表述问题的语言要准确，不要使用模棱两可、含糊不清或容易产生歧义的词汇。

(5) 简明性原则。表述问题的语言应尽可能简单明确，不要冗长。

(6) 客观性原则。表述问题的态度要客观中立，不要使用诱导性和倾向性语言。

(7) 非否定性原则。要避免使用否定句形式表述问题。

2．答案设计的技巧

(1) 相关性原则。设计的答案必须与询问的问题具有相关关系。

(2) 同层性原则。设计的答案必须具有相同层次的关系。

(3) 完整性原则。设计的答案应该穷尽一切可能的、起码是一切主要的答案，当答案不能穷尽时，可以使用"其他"表示。

(4) 互斥性原则。设计的答案必须是互相排斥的。

(5) 可能性原则。设计的答案必须是被调查者能够回答，也是愿意回答的。

3．问题措辞的技巧

(1) 用词合理、清楚、简单，为被调查者所熟悉。

(2) 不要使用带有某种倾向性的词语。

(3) 用词要考虑被调查者理解和回答问题的能力。
(4) 用词要考虑被调查者回答问题的意愿。

三、调查质量控制

(一) 市场调查质量控制措施

1. 有效的沟通

有效的沟通是保证市场调查质量的重要因素。在市场调查活动中，有效的沟通如下。

(1) 调查项目承担者与调查委托方的沟通。调查项目承担者应频繁、诚实、准确地与委托方进行交流与沟通，及时将调查目标、计划等向委托方通报，并随时报告调查进度，及时通报调查过程中出现的问题及解决方法。

(2) 调查项目承担者与调查执行者、参与者的沟通。调查项目承担者要将调查项目的目标、计划、实施过程、要求向有关人员进行传达和沟通，保证调查工作向预期目标前进。

(3) 调查项目的执行者和子项目的负责人与上一级组织的沟通。在具体执行调查项目时，调查执行者对于调查过程存在的问题、进展情况、成绩与失误等信息及时反映给上一级组织，以便调整计划，保证整个调查项目的顺利完成。

2. 数据质量控制

数据质量是市场调查质量控制的关键，要保证数据的准确性、完整性、及时性和可靠性，必须做到：

(1) 保证调查方法的选用与设计具有科学性；
(2) 保证样本框的选择及样本对调查总体具有代表性；
(3) 保证对调查的过程实行有效的控制。

3. 成本控制

成本控制是市场调查项目承担者对调查成本进行合理控制，使调查数据质量与调查成本成正比。成本控制主要是进行成本跟踪和过程控制。具体的成本控制可以从以下几个方面着手：

(1) 编制成本预算，控制日常成本支出。
(2) 按照调查进度，及时向项目经理提供成本报告。
(3) 根据调查的实施进度，项目经理及时向项目委托方或客户通报调查成本的支出情况，并及时沟通。
(4) 出现超出预算情况，应及时找出原因，并与委托方协商，寻求解决方案。

4. 时间控制

市场调查要严格按照预定的时间计划进行，项目经理必须保证在规定的时间内完成调查项目。时间控制一般可采取以下措施：

(1) 建立项目执行时间计划，控制各个子项目的时间进度，形成时间控制机制与系统。
(2) 每天检查项目进度是否按计划执行，形成项目完成情况报告，以便项目经理决定采取何种措施调查项目进度。
(3) 在项目执行中遇到不可避免的延期问题时，调查者必须及时与客户沟通，寻求解决问题的最佳办法。

（二）调查实施工作质量评估

1．访问员工作质量评估

（1）访问过程的规范性。如具有亲和力的自我介绍，提问、追问的规范性操作，现场调查中的应变能力等。

（2）问卷的填写。严格按照要求填写问卷，记录字迹清晰，格式规范，没有错卷或漏卷。

（3）工作记录。按照要求填写入户接触表。

（4）完成时间。按照规定时间上交问卷，在规定时间内完成规定的访问次数。

2．管理工作质量评估

管理工作质量可以通过一系列文档文件得以反映。这些文件如下。

（1）培训材料。主要包括培训手册、访问员操作手册等。

（2）操作控制文件。主要包括问卷收交表、项目进度表、入户接触表等。

（3）检查性文件。主要包括访问报告（总结）、问卷复核记录、复核报告等。

岗位业务工具

1．人员需求申请表模板（见表2-19）

表2-19　人员需求申请表

申请部门				部门经理	
申请原因	A．员工辞退；B．员工离职；C．业务增量；D．新增业务；E．新设部门				
	说明				
需求计划说明	职务名称	工作描述	所需人数	最迟上岗日期	任职条件
	职位1				专业知识	
					工作经验	
					工作技能	
					其他	
	职位2				专业知识	
					工作经验	
					工作技能	
					其他	
	合计				
薪酬标准	职位		基本工资		其他待遇
	职位1				
	职位2				

续表

部门经理意见	签名： 日期：
人力资源部批示	签名： 日期：
总经理意见	签名： 日期：

2．调查人员培训需求申请表模板（见表2-20）

表2-20　调查人员培训需求申请表

姓名		年龄		学历	
工作岗位		所属部门		本岗位工作年限	
本岗位应具有的知识与技能					
培训目的					
培训内容	培训方式		培训时间		
部门领导审核	签名： 日期：				
人力资源部审核	签名： 日期：				

3．调查人员一览表模板（见表 2-21）

表 2-21　调查人员一览表

序　号	调查员编号	调查员姓名	联 系 电 话	职　务

4．调查人员考核评价表模板（见表 2-22）

表 2-22　调查人员考核评价表

基本信息	姓名		编号		职位	
	所属部门		直接领导		填写日期	
工作计划	1．工作职位： 2．工作期限： 3．工作安排： 4．工作薪酬：					
工作考核	一、自我鉴定 签名： 日期：					
^	二、工作完成情况评价					
^	工作完成情况		员工自评		直接领导评价	
^						
^	三、所在部门鉴定					
^	考核项目	考核结果		考核结果选项		
^	1．工作态度			A．优秀；B．良好；C．一般；D．较差		
^	2．工作积极性			A．优秀；B．良好；C．一般；D．较差		
^	3．工作责任感			A．优秀；B．良好；C．一般；D．较差		
^	4．工作效率			A．优秀；B．良好；C．一般；D．较差		
^	5．工作质量			A．优秀；B．良好；C．一般；D．较差		
^	6．待人接物			A．优秀；B．良好；C．一般；D．较差		
^	7．遵规守纪			A．优秀；B．良好；C．一般；D．较差		

续表

总体评价	1. 评语: 2. 考核结果: 签名: 日期:
人力资源部鉴定	签名: 日期:
总经理鉴定	签名: 日期:

项目 3

整理分析资料

职业岗位认识

1. 调查资料分析岗位工作描述

市场调查资料分析是指根据市场调查的目的和任务，对调查所获得的原始资料进行科学的审查、分类、汇总，并通过统计分析使之系统化、条理化的过程。这些经过整理与分析的资料能够反映调查对象的基本情况，显示调查结果。

通过市场调查资料分析实训，学生能把市场调查所获得的资料准确地录入到计算机中，能熟练地使用 Excel 软件对市场调查资料进行整理，从而作出较为准确的描述性分析。

2. 调查资料分析岗位工作程序

调查资料分析方案设计的程序见图 3-1。

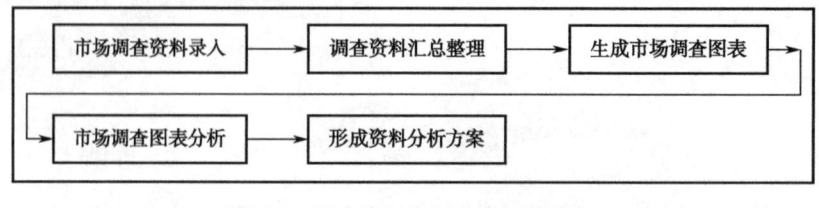

```
市场调查资料录入 → 调查资料汇总整理 → 生成市场调查图表
                                              ↓
          市场调查图表分析 ← 形成资料分析方案
```

图 3-1　调查资料分析方案设计程序

岗位技能实训

任务 1　整理调查资料

实训目的和要求

实训目的

1. 培养学生整理调查资料的能力；

项目 3　整理分析资料

2. 培养学生撰写实训报告的能力；
3. 培养学生组织分工与团队合作的能力；
4. 培养学生计算机软件应用的能力；
5. 培养学生积极讨论与口头表达的能力。

实训要求

1. 能依据调查资料制作出统计分析表；
2. 能依据调查资料制作出统计分析图；
3. 能撰写出该次调查资料整理的实训报告；
4. 能依据实训报告制作出该次实训的 PPT 课件。

实训例讲

某商场为提高服务质量，更好地吸引消费者，商场管理部门决定在商场内对消费者进行一次调查。在同一天内随机访问了 30 名消费者，采用对商场服务质量打分的方法了解消费者对商场的满意度（分值从 10 到 100 分，分 10 个档次），得到调查数据见表 3-1。

表 3-1　消费者对商场服务满意度调查表

编　号	满意度（分）	性　别	编　号	满意度（分）	性　别
1	40	女	16	40	男
2	60	女	17	50	女
3	40	女	18	30	女
4	70	女	19	50	女
5	50	男	20	70	女
6	60	女	21	70	男
7	30	女	22	60	女
8	40	女	23	50	女
9	30	女	24	40	男
10	50	男	25	50	男
11	40	女	26	60	男
12	50	女	27	50	女
13	20	女	28	60	男
14	50	男	29	40	女
15	60	女	30	50	女

（资料来源：杨海清. 市场调查与市场预测实训[M]. 北京：中国劳动社会保障出版社，2006）

试根据以上数据绘制统计分析表与统计分析图。

题解：

一、数据排序

（1）启动 Excel，新建工作表，输入调查数据（见图 3-2）。

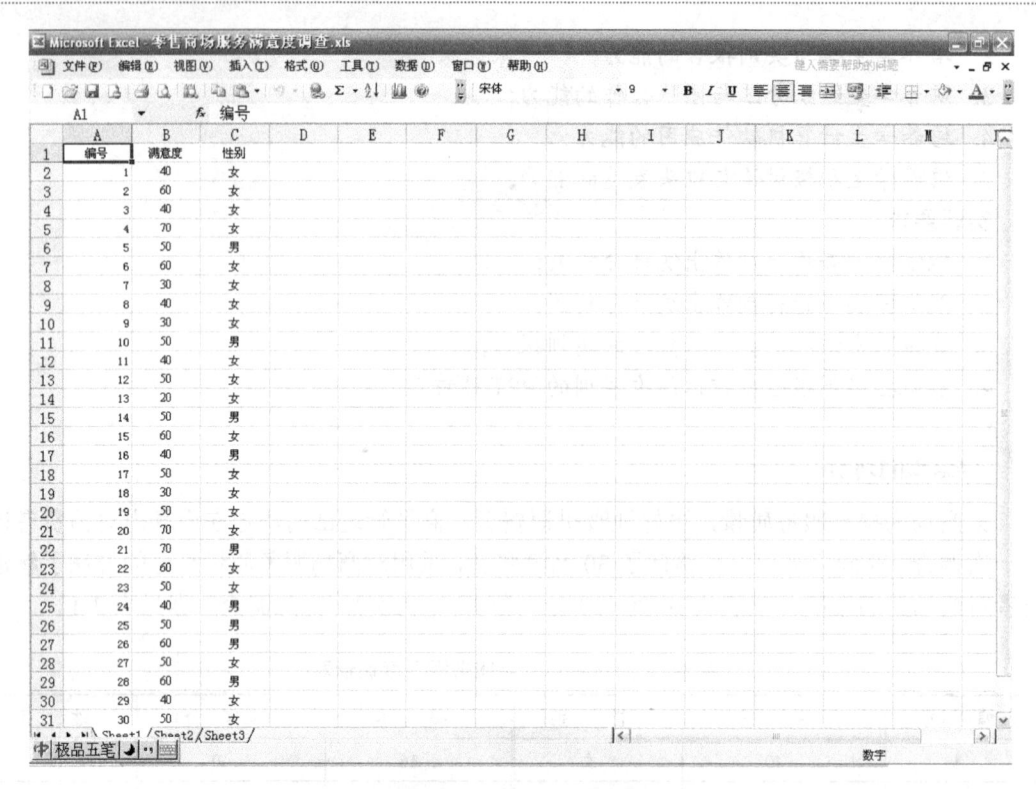

图 3-2　输入调查数据

（2）选中单元格区域 A1：C31，选择"数据"菜单中"排序"选项，打开"排序"对话框，见图 3-3。

图 3-3　"排序"对话框

（3）在"排序"对话框中，选择"主要关键字"列表中的"满意度"作为排序关键字，并选择"升序"排序，单击"确定"按钮，则排序完成，见图 3-4。

二、数据分类汇总

（1）选择单元格区域 A1：C31，选择"数据"菜单中的"分类汇总"选项，打开"分类汇总"对话框，见图 3-5。

项目 3　整理分析资料

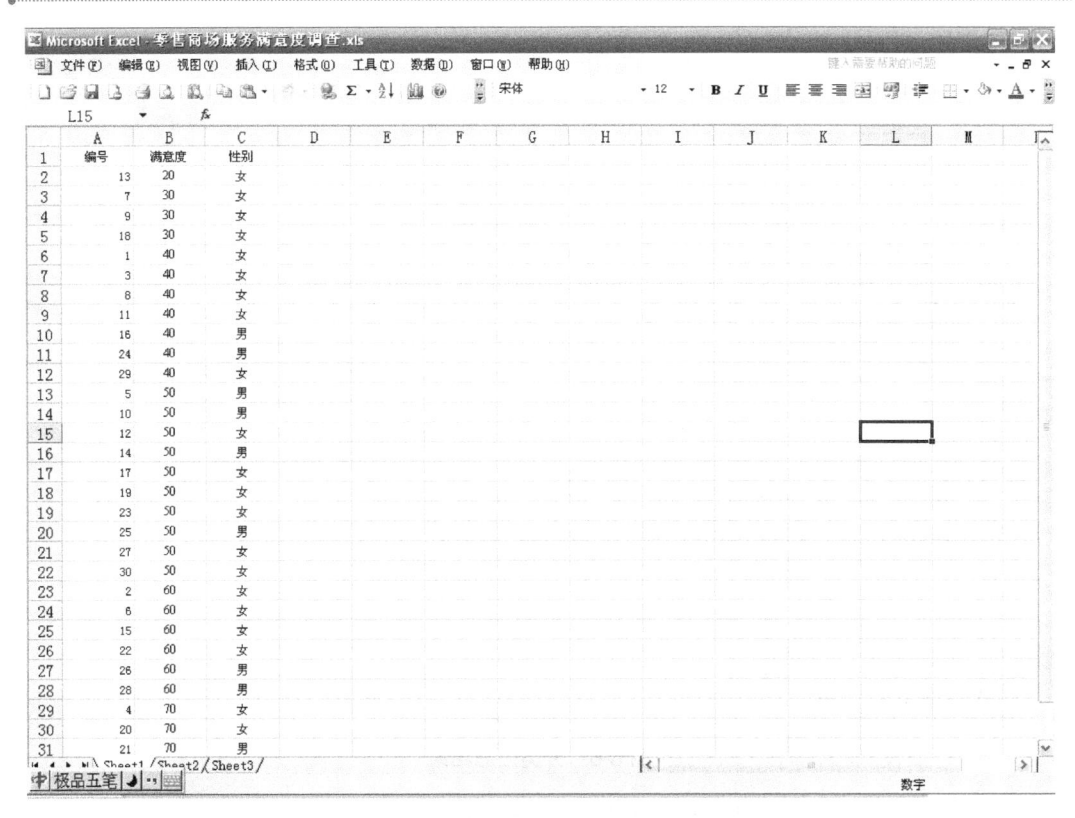

图 3-4　排序完成

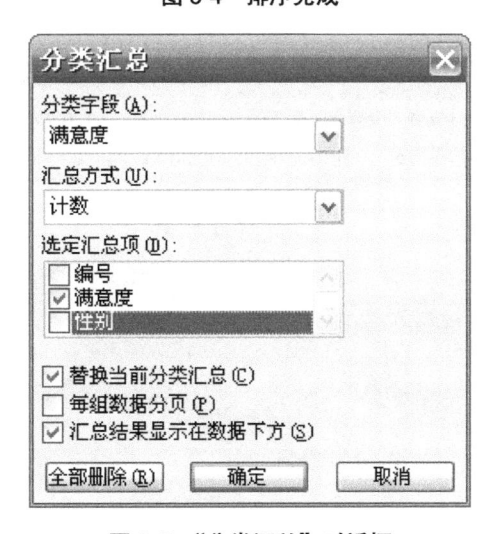

图 3-5　"分类汇总"对话框

（2）在"分类字段"下拉列表中选择"满意度"，在"汇总方式"列表中选择"计数"，单击"确定"按钮，则得到汇总结果，见图 3-6。

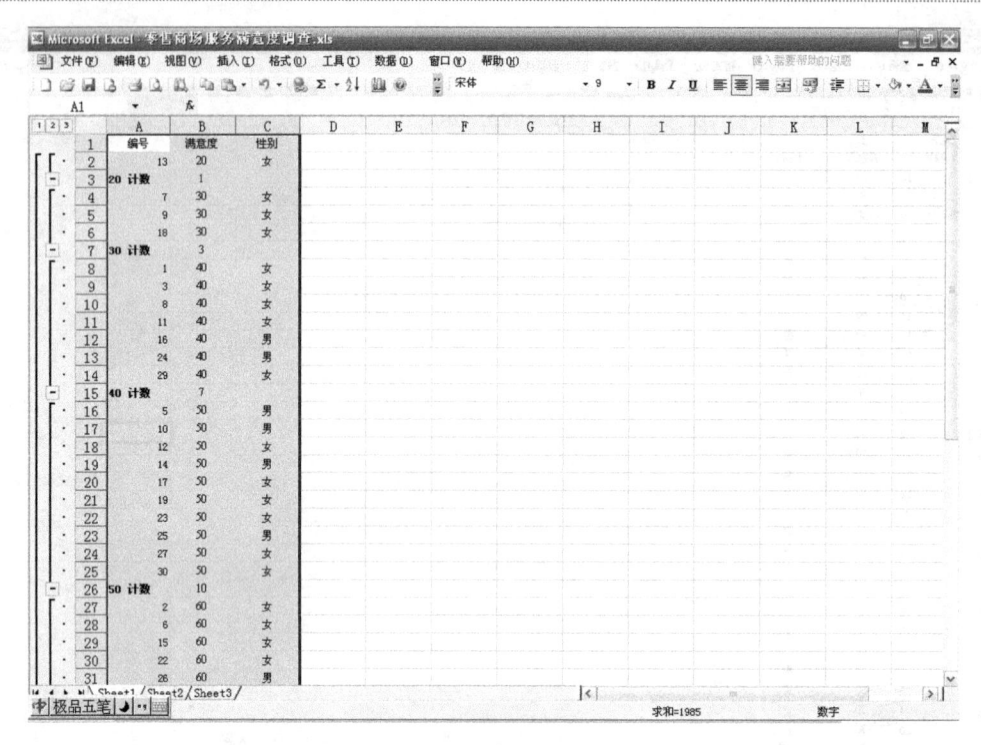

图 3-6　分类汇总结果

（3）在汇总结果工作表中，单击工作表中的分级符号"—"，得到只有汇总数的汇总表，见图 3-7。

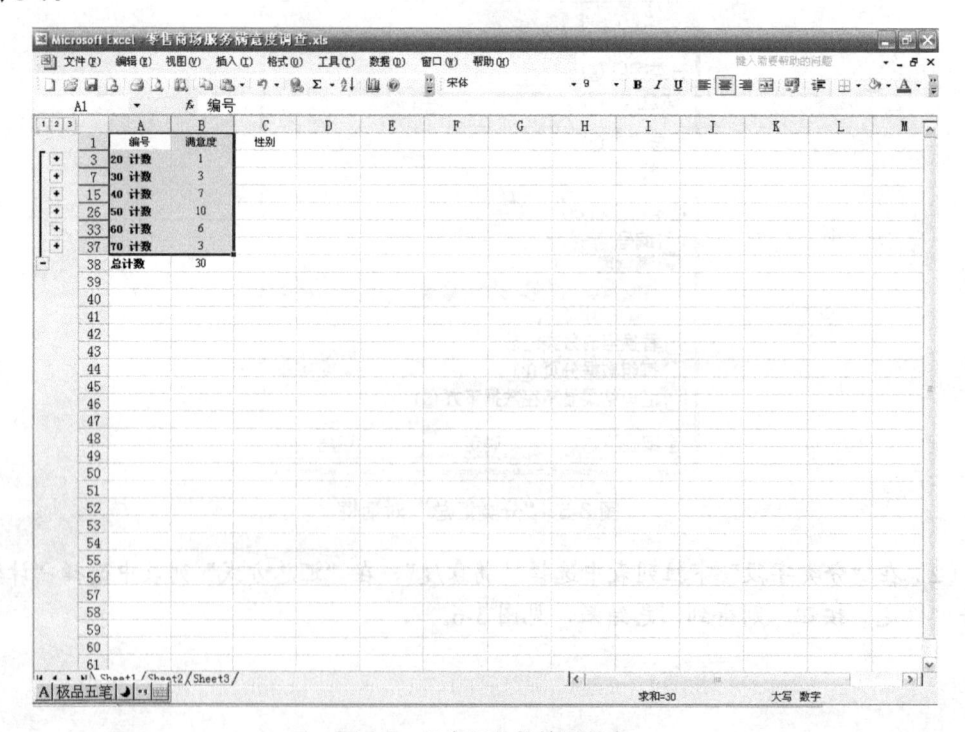

图 3-7　只有汇总数的汇总表

项目 3　整理分析资料

（4）选定单元格区域 A1：B37，选择"插入"菜单中的"图表"选项，打开"图表"对话框，见图 3-8。

图 3-8　"图表向导"对话框

（5）按"图表向导"的步骤操作，形成顾客服务满意度各分值人数统计图表，见图 3-9。

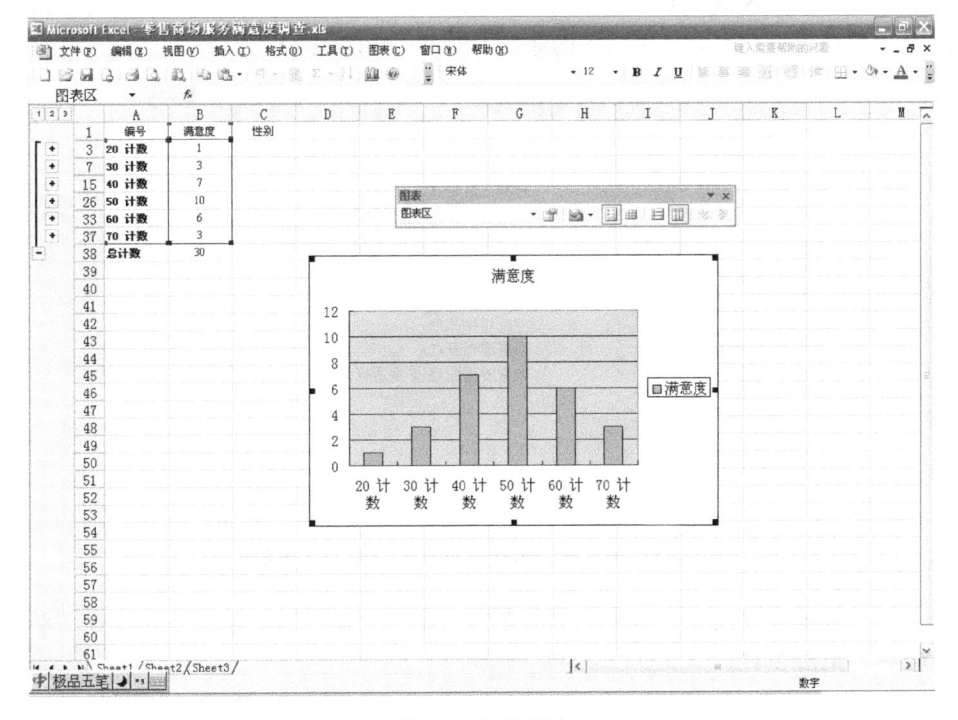

图 3-9　统计图表

三、数据的统计分组

（1）打开调查数据工作表，见图 3-10。

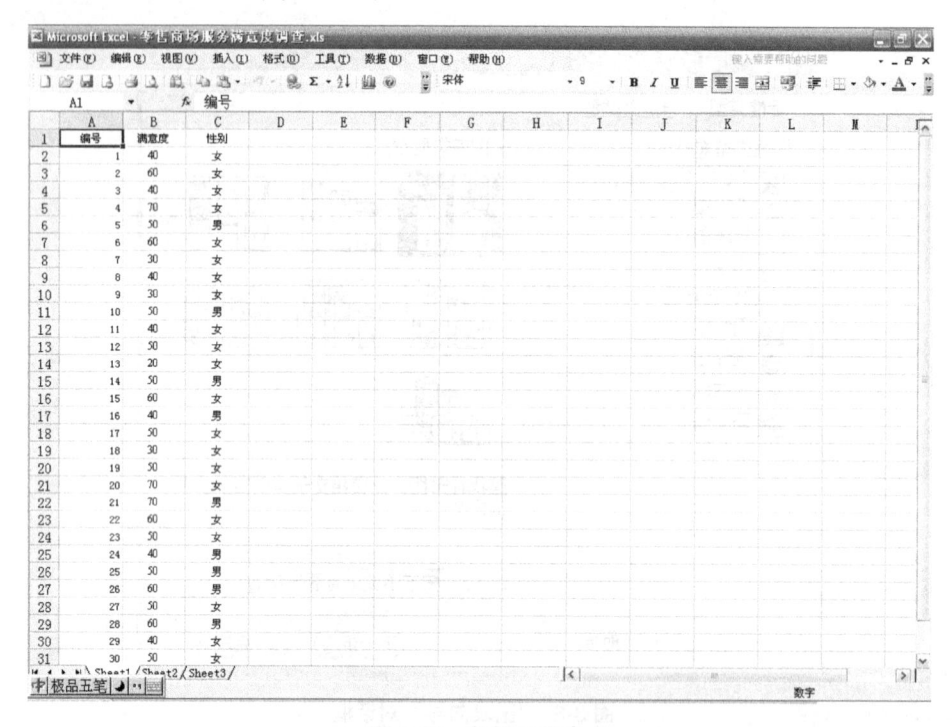

图 3-10　数据工作表

（2）选定单元格区域 A1：C31，选择"数据"菜单中的"数据透视表和图表报告"选项，打开"数据透视表和数据透视图向导"对话框，见图 3-11。

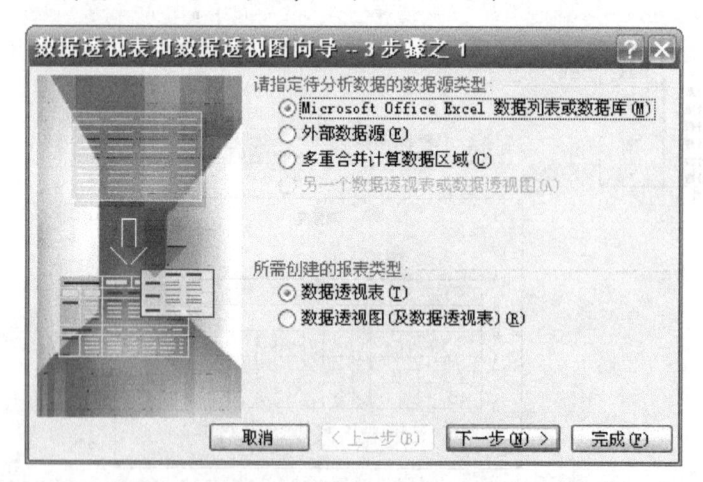

图 3-11　数据透视表和数据透视图向导之步骤 1

（3）按"数据透视表和数据透视图向导"的步骤操作，选定单元格区域后，单击"下一步"按钮，见图 3-12。

项目 3　整理分析资料

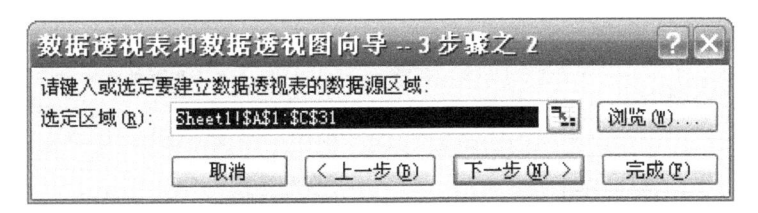

图 3-12　数据透视表和数据透视图向导之步骤 2

（4）选择"新建工作表"单选按钮，单击"完成"按钮，则完成数据透视表和数据透视图向导，见图 3-13。

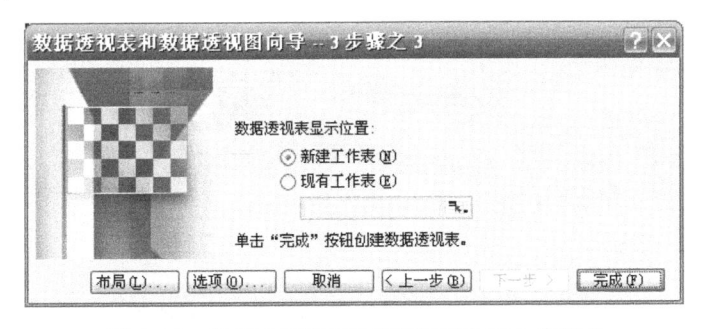

图 3-13　数据透视表和数据透视图向导之步骤 3

（5）形成数据透视表的设置工作表，见图 3-14。

图 3-14　数据透视表的设置

（6）将"满意度"拖到"行字段处"，将"性别"拖到"列字段处"，在下拉列表中选择"数据区域"，单击"添加到"按钮，则形成数据透视表，见图 3-15。

67

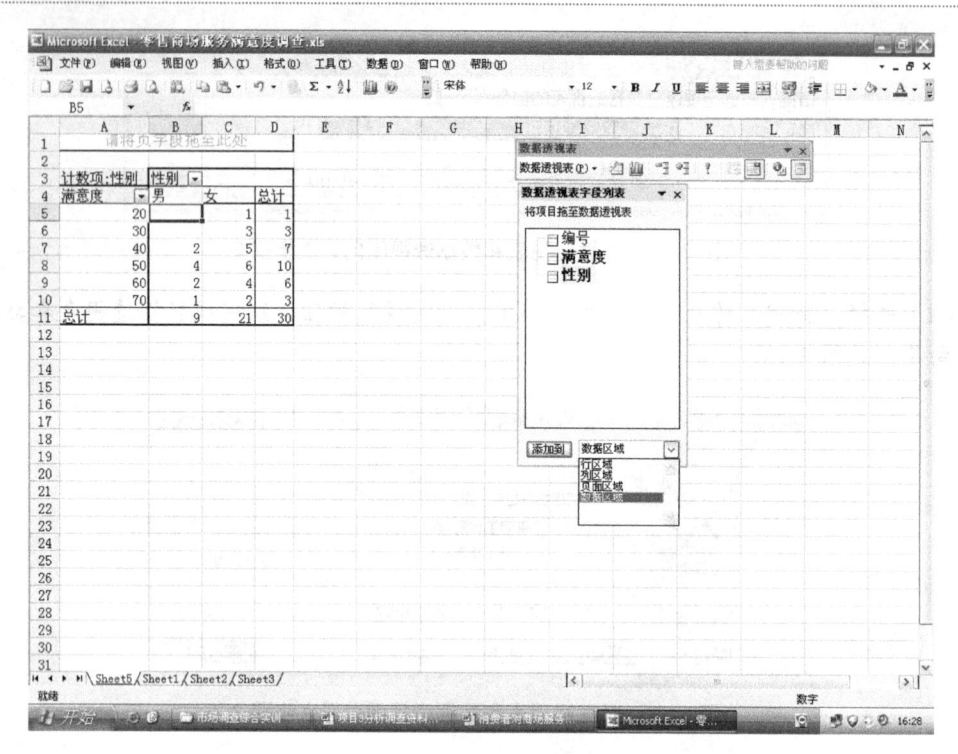

图 3-15 数据透视表

（7）选定单元格区域 A5：C10，单击常用工具栏中的"图表"按钮，则形成顾客服务满意度数据透视图，见图 3-16。

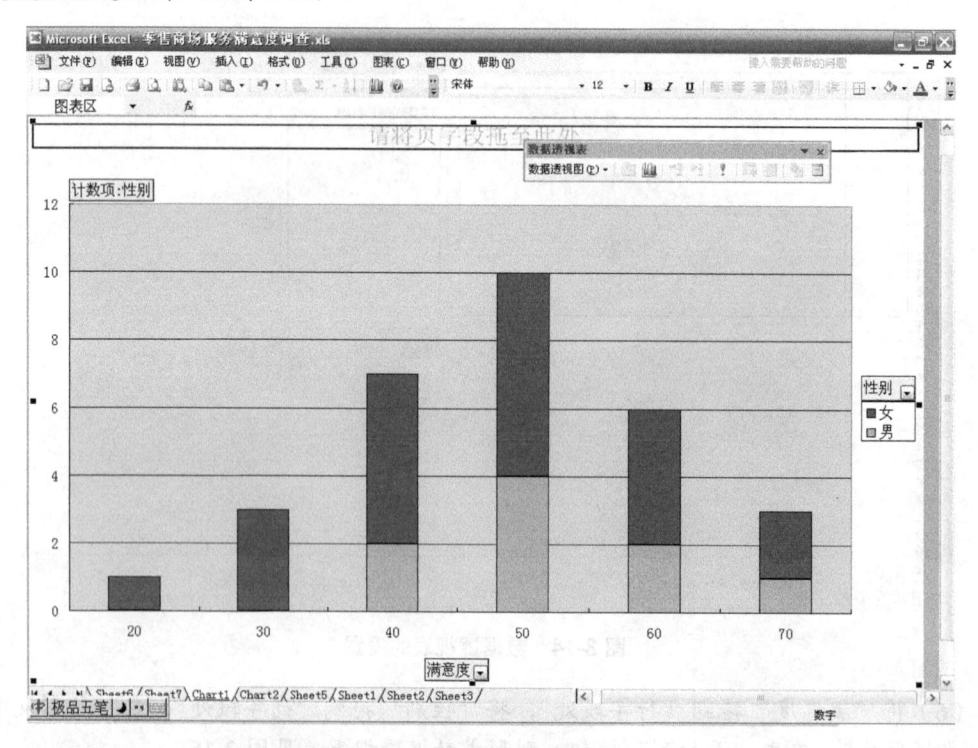

图 3-16 数据透视图

项目 3　整理分析资料

实训练习

一、实训背景

某新产品上市后 40 天的日销售数量统计见表 3-2。

表 3-2　新产品日销售量统计表

上 市 天 数	销售量（台）	上 市 天 数	销售量（台）
1	80	21	70
2	90	22	88
3	63	23	73
4	97	24	86
5	105	25	78
6	52	26	64
7	69	27	88
8	78	28	61
9	109	29	81
10	79	30	98
11	82	31	99
12	92	32	96
13	83	33	75
14	83	34	88
15	70	35	108
16	76	36	82
17	94	37	67
18	81	38	85
19	85	39	95
20	100	40	58

试根据以上数据绘制统计分析表与统计分析图。

二、实训组织

1．组建实训小组：将教学班学生按每小组 6~8 人的标准划分成若干课题小组，每个小组指定或推选出一名组长。

2．确定实训课题：每个小组根据整理调查资料的背景资料，对调查资料进行统计表与统计图的绘制，并完成整理调查资料实训报告以及制作实训报告 PPT 课件。

3．实施实训操作：各小组组长根据整理调查资料实训的要求，调配资源，明确各组员的任务，并督促大家有效地完成任务，包括：调查资料统计表与统计图的绘制操作，整理调查资料实训报告的撰写、打印，以及实训报告 PPT 课件的制作等。

4．撰写实训报告：每个小组完成一份整理调查资料实训的实训报告，并制作成 PPT 课件，实训报告与 PPT 课件通过电子邮件或校园网提交给指导教师。

5．陈述实训心得：由各个小组推荐的发言人或小组组长代表本小组，借助实训 PPT 课件陈述本小组的实训报告和实训心得。

6．评价实训效果：各个小组代表陈述后，指导教师点评该次整理调查资料实训的情况，并由全班学生无记名投票，评选出该次实训的获奖小组，并给予表扬与奖励。

三、实训报告

整理调查资料实训报告的格式见图 3-17。

```
            整理调查资料实训报告
                 第  1  次实训
班级_____    学号_____   姓名_____   实训评分_____
实训时间_____       实训名称    整理调查资料
一、实训目的

二、实训背景

三、实训要求

四、调查资料整理

五、实训心得体会

六、实训评价（指导教师填写）
```

图 3-17　整理调查资料实训报告

四、实训考核

实训成绩依据学生上课出勤、课堂讨论发言、实训报告的写作和实训报告 PPT 课件制作水平等进行评定。首先由各小组组长对组内各成员进行成绩评定，成绩分为优秀、良好、中等、及格、不及格五档；然后由指导教师对小组提交的实训报告及实训报告 PPT 进行评分；最后按照以下公式进行加权计算，计算出每个学生的最终成绩。

个人最终成绩=小组组长评定成绩×20%+指导教师评定成绩×80%

其中，小组组长评定组内成员成绩表、指导教师评定实训报告及实训报告 PPT 成绩表分别见表 3-3 与表 3-4。

表3-3 小组组长评定组内成员成绩表

小组成员姓名	小组成员成绩				
	优秀 （90分以上）	良好 （80~90分）	中等 （70~79分）	及格 （60~69分）	不及格 （60分以下）

表3-4 指导教师评定实训报告及实训报告PPT成绩表

评价内容	分值（分）	评分（分）
统计表绘制操作的正确性	15	
统计图绘制操作的正确性	15	
实训报告的完整性与科学性	30	
实训报告PPT设计的质量	20	
实训报告表达效果	20	
总体评分	100	

任务2 分析调查资料

实训目的和要求

实训目的
1. 培养学生分析调查资料的能力；
2. 培养学生整理分析资料与写作的能力；
3. 培养学生组织分工与团队合作的能力；
4. 培养学生计算机软件应用的能力；
5. 培养学生积极讨论与口头表达的能力。

实训要求
1. 能对调查资料进行统计计算分析；
2. 能对调查资料进行统计描述分析；
3. 能撰写出该次调查资料分析的实训报告；
4. 能依据实训报告制作出该次实训的PPT课件。

实训例讲

一、统计计算分析例讲

北京市 20 家大商场 1995 年销售收入和利润总额的统计数据见表 3-5。

表 3-5　北京市 20 家大商场 1995 年的销售统计数据　　　单位：千万元

序 号	商场名称	销售收入	利润总额
1	百货大楼	160	12.8
2	城乡贸易中心	151.8	8.9
3	西单商场	108.1	4.1
4	蓝岛大厦	102.8	2.8
5	燕莎友谊商场	89.3	8.4
6	东安商场	68.7	4.3
7	双安商场	66.8	4
8	赛特购物中心	56.2	4.5
9	西单购物中心	55.7	3.1
10	复兴商业城	53	2.3
11	贵友大厦	49.3	4.1
12	金伦商场	43	2
13	隆福大厦	42.9	1.3
14	友谊商场集团	37.6	1.8
15	天桥百货商场	29	1.8
16	百盛轻工公司	27.4	1.4
17	菜市口百货商店	26.2	2
18	地安门商场	22.4	0.9
19	新街口百货商场	22.2	1
20	星座商厦	20.7	0.5

（资料来源：王枝茂. 市场调查与预测[M]. 北京：中国财政经济出版社，2002）

试利用 Excel 进行数据计算分析。

题解：

1. 加载分析工具

（1）启动 Excel，单击"工具"菜单，选择"加载宏…"，打开"加载宏"对话框，见图 3-18。

项目 3　整理分析资料

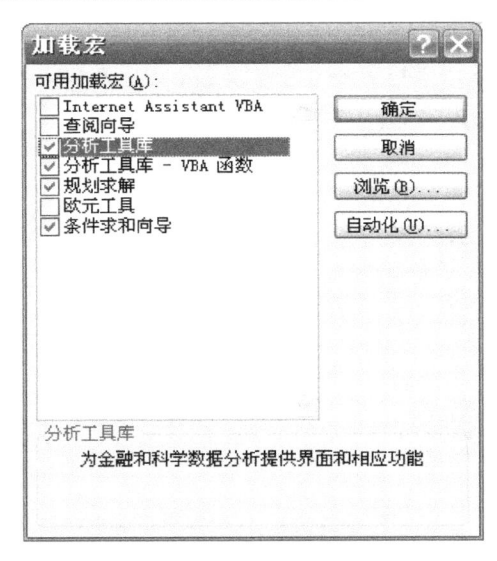

图 3-18 "加载宏"对话框

（2）在"加载宏"对话框，选中"分析工具库"和"分析工具库—VBA 函数"复选框，单击"确定"按钮，则"工具"菜单中出现了"数据分析"选项，见图 3-19。

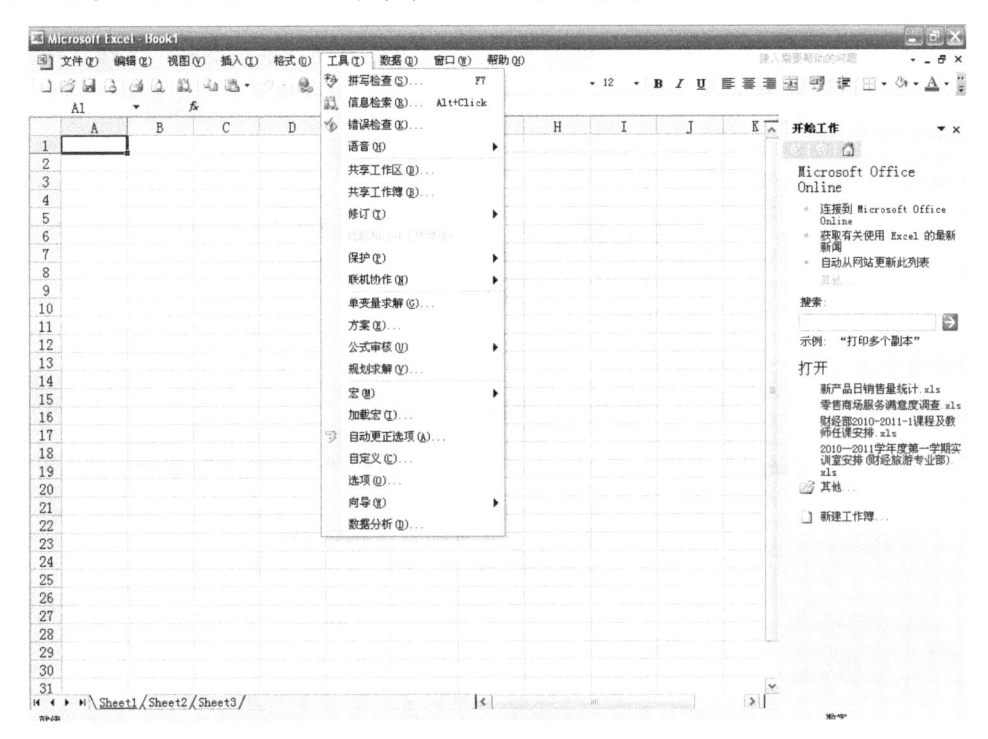

图 3-19　加载成功

2. 数据分析
（1）新建工作表，输入调查数据，见图 3-20。

73

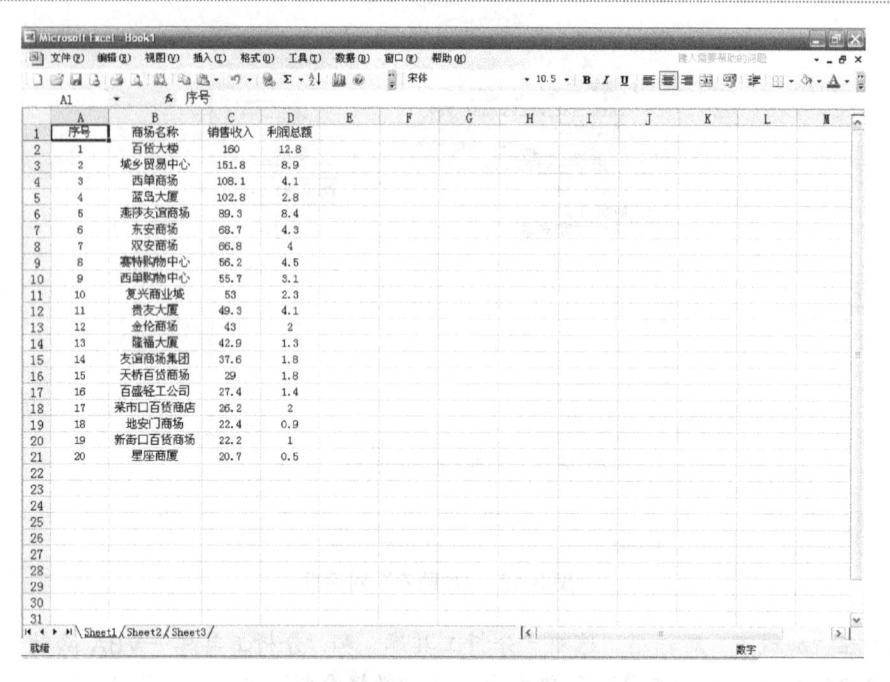

图 3-20 输入调查数据

（2）选择单元格区域 C1：D21，单击"工具"菜单，选中"数据分析"选项，打开"数据分析"对话框，见图 3-21。

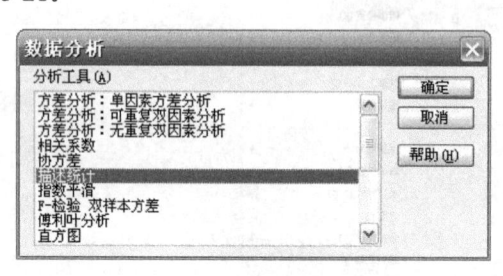

图 3-21 "数据分析"对话框

（3）选择"描述统计"选项，单击"确定"按钮，打开"描述统计"对话框，见图 3-22。

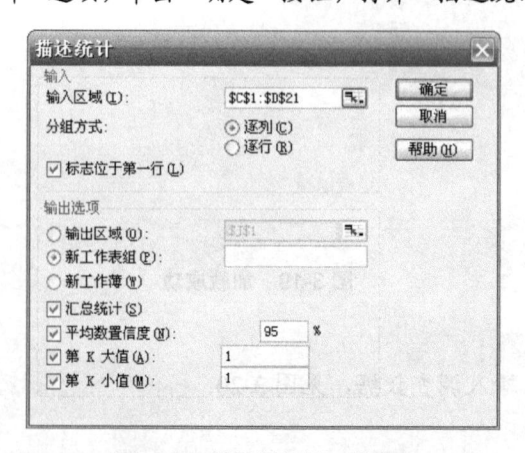

图 3-22 "描述统计"对话框

（4）在输入区域输入 C1：D21，选中"标志位于第一行"、"汇总统计"、"第 K 大值"、"第 K 小值"复选框，输出选项为"新工作表组"，在"平均数置信度"项输入"95%"（默认），单击"确定"按钮，则计算出相关统计指标，包括平均值、中位数、众数、标准差、方差、最大值、最小值等，见图 3-23。

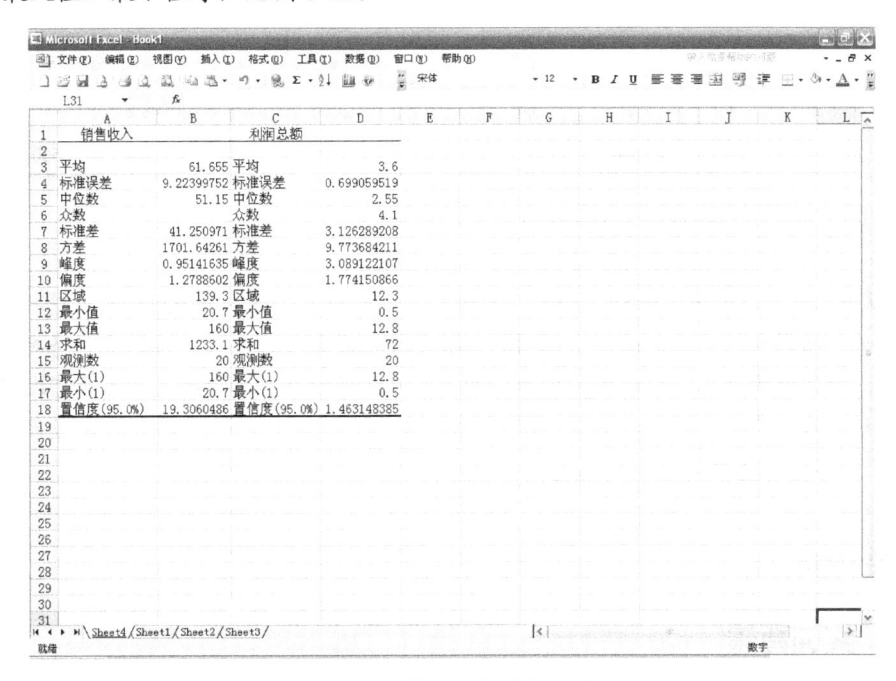

图 3-23　统计计算分析结果

二、统计描述分析例讲

真维斯服饰有限公司在国内 20 多个省市开设了 1000 多家专卖店，拥有现时中国最大的休闲服饰零售网络。真维斯公司十分关注市场变化，为不断提高服务质量，提高产品市场占有率，该公司委托中国纺织大学对武汉口岸休闲服装市场及真维斯公司武汉各店铺服务质量进行调查。调查结果汇总见表 3-6 与表 3-7。

表 3-6　影响购买因素统计表

影响因素	价　格	款　式	做　工	面　料	服务质量	品　牌
人数（人）	463	284	251	243	133	126
比例（%）	92.6	56.8	50.2	48.6	26.6	25.2

表 3-7　购买价格统计表

价格（元）	牛仔裤 人数（人）	牛仔裤 比例（%）	休闲西裤 人数（人）	休闲西裤 比例（%）	T 恤 人数（人）	T 恤 比例（%）	衬衫 人数（人）	衬衫 比例（%）	外套 人数（人）	外套 比例（%）
50 以下	34	6.8	30	6.0	28	5.6	21	4.2	16	3.2
50～100	164	32.8	158	31.6	121	24.2	97	19.4	92	18.4
100～150	162	32.4	148	29.6	152	30.4	182	36.4	176	35.2

续表

价格（元）	牛仔裤		休闲西裤		T恤		衬衫		外套	
	人数（人）	比例（%）	人数（人）	比例（%）	人数（人）	比例（%）	人数（人）	比例（%）	人数（人）	比例（%）
150～200	76	15.2	93	18.6	127	25.4	121	24.2	147	29.4
200～300	43	8.6	46	9.2	61	12.2	53	10.6	38	7.6
300以上	21	4.2	25	5.0	11	2.2	26	5.2	31	6.2
合计	500	100	500	100	500	100	500	100	500	100

试对以上调查结果进行描述性分析。

题解：

1. 从表3-6可以看出，价格是影响消费者购买的最重要因素，有92.6%的人选择该项，而款式、做工、面料也很关键，选择这三项的人数比较接近或超过50%，品牌和服务对消费者的影响较小，说明消费者购买服装比较理性。但是这一统计结果并不说明某个因素可以忽视。

2. 从表3-7可以看出，在休闲服装的价格（或档次）方面，消费者需求呈现多样性，而以购买50～200元休闲服装的消费者居多。

实训练习

一、实训背景

1. 某乡镇企业局下属30家企业，有关资料见表3-8。

表3-8 企业职工人数与年销售额汇总表

编号	所有制性质	职工人数（人）	年销售额（万元）	编号	所有制性质	职工人数（人）	年销售额（万元）
1	国有	920	1450	16	国有	784	2410
2	外资	750	1265	17	集体	260	860
3	集体	344	600	18	国有	810	1750
4	股份制	620	978	19	股份制	539	7320
5	私营	160	320	20	国有	420	1080
6	国有	570	1245	21	私营	245	790
7	外资	748	1800	22	外资	570	990
8	国有	2430	4600	23	国有	695	1560
9	私营	250	550	24	国有	874	1760
10	国有	3570	6000	25	股份制	360	740
11	集体	165	480	26	私营	425	610
12	股份制	460	925	27	股份制	674	1070
13	国有	865	1360	28	外资	810	1730
14	外资	390	870	29	股份制	683	1540
15	股份制	380	940	30	国有	582	895

试利用 Excel 进行数据计算分析。

2. 真维斯服饰有限公司在国内 20 多个省市开设了 1000 多家专卖店，拥有现时中国最大的休闲服饰零售网络。真维斯公司十分关注市场变化，为不断提高服务质量，提高产品市场占有率，该公司委托中国纺织大学对武汉口岸休闲服装市场及真维斯公司武汉各店铺服务质量进行调查。调查结果汇总见表 3-9～表 3-11。

表 3-9 品牌购买率统计表

品牌	班尼路	真维斯	佑威	苹果	佐丹奴	其他	合计
人数（人）	66	97	86	91	77	83	500
比例（%）	13.2	19.4	17.2	18.2	15.4	16.6	100

表 3-10 品牌倾向性统计表

价格（元）	牛仔裤 人数（人）	牛仔裤 比例（%）	休闲西裤 人数（人）	休闲西裤 比例（%）	T恤 人数（人）	T恤 比例（%）	衬衫 人数（人）	衬衫 比例（%）	外套 人数（人）	外套 比例（%）
佐丹奴	134	26.8	194	38.8	162	32.4	147	29.4	148	29.6
真维斯	205	41.0	149	29.8	171	34.2	156	31.2	183	36.6
佑威	161	32.2	157	31.4	167	33.4	197	39.4	169	33.8
合计	500	100	500	100	500	100	500	100	500	100

表 3-11 获取商品信息渠道统计表

渠道	电视	广播	报纸	杂志	招牌	亲戚朋友
人数（人）	391	129	283	116	194	387
比例（%）	78.2	25.8	56.6	23.2	38.8	77.4

试对以上调查结果进行描述性分析。

二、实训组织

1. 组建实训小组：将教学班学生按每小组 6～8 人的标准划分成若干课题小组，每个小组指定或推选出一名组长。

2. 确定实训课题：每个小组根据分析调查资料的背景资料，对调查资料进行计算与描述分析，并完成分析调查资料实训报告以及制作实训报告 PPT 课件。

3. 实施实训操作：各小组组长根据分析调查资料实训的要求，调配资源，明确各组员的任务，并督促大家有效地完成任务，包括：调查资料分析结果的草拟、修改和定稿，分析调查资料实训报告的撰写、打印，以及实训报告 PPT 课件的制作等。

4. 撰写实训报告：每个小组完成一份分析调查资料实训的实训报告，并制作成 PPT 课件，实训报告与 PPT 课件通过电子邮件或校园网提交给指导教师。

5. 陈述实训心得：由各个小组推荐的发言人或小组组长代表本小组，借助实训 PPT 课件陈述本小组的实训报告和实训心得。

6. 评价实训效果：各个小组代表陈述后，指导教师点评该次分析调查资料实训的情况，并由全班学生无记名投票，评选出该次实训的获奖小组，并给予表扬与奖励。

三、实训报告

分析调查资料实训报告的格式见图3-24。

```
               分析调查资料实训报告
                  第  2  次实训
班级_____    学号_____    姓名_____    实训评分_____
实训时间_____        实训名称_____分析调查资料_____
一、实训目的

二、实训背景

三、实训要求

四、调查资料分析

五、实训心得体会

六、实训评价（指导教师填写）
```

图3-24　分析调查资料

四、实训考核

实训成绩依据学生上课出勤、课堂讨论发言、实训报告的写作和实训报告PPT课件制作水平等进行评定。首先由各小组组长对组内各成员进行成绩评定，成绩分为优秀、良好、中等、及格、不及格五档；然后由指导教师对小组提交的实训报告及实训报告PPT进行评分；最后按照以下公式进行加权计算，计算出每个学生的最终成绩。

个人最终成绩=小组组长评定成绩×20%+指导教师评定成绩×80%

其中，小组组长评定组内成员成绩表、指导教师评定实训报告及实训报告PPT成绩表分别见表3-12与表3-13。

表3-12　小组组长评定组内成员成绩表

小组成员姓名	小组成员成绩				
	优秀 （90分以上）	良好 （80~90分）	中等 （70~79分）	及格 （60~69分）	不及格 （60分以下）

表 3-13　指导教师评定实训报告及实训报告 PPT 成绩表

评价内容	分值（分）	评分（分）
调查资料计算分析的正确性	15	
调查资料描述分析的合理性	15	
实训报告的完整性与科学性	30	
实训报告 PPT 设计的质量	20	
实训报告表达效果	20	
总体评分	100	

岗位知识链接

一、调查资料录入

（一）调查资料审核

调查资料审核，是指对市场调查获取的各种资料（包括原始资料与整理资料），进行审查与核实。

1．调查资料审核的主要内容

（1）完整性审核。审核应该被调查的单位是否都已调查，问卷或调查表内的各项目是否都填写齐全。

（2）准确性审核。主要审核调查资料的调查口径、计算方法、计量单位等是否符合要求。

（3）一致性审核。主要审核被调查的回答是否前后一致，有无逻辑错误。

（4）及时性审核。主要审核被调查单位是否都按规定日期填写和提交问卷，填写的资料是否是最新的资料。

2．调查资料审核的步骤

（1）接受核查问卷。接受核查问卷，又称一审，是指从不同地区、不同访问员交回的问卷，都应该立即登记和编号。尤其对于大规模的调查，更应做好登记和编号工作。登记的内容包括访问员姓名和编号、调查地区和编号、调查实施时间、交付时间、实发问卷数、上交问卷数和问卷编号、未答或拒答问卷数、丢失问卷数、其他问卷数以及合格问卷数等。

（2）编辑检查。编辑检查，又称二审，是指对问卷进行更为准确和精确的检查。主要检查问卷的安全性、准确性、一致性以及是否清楚易懂等。如果被调查者对于某项问题无回答，则应注明原因。另外，还应标明资料的可靠程度，如可信的、可以参考的、不可信的等。

3．调查资料审核后的处理

（1）对于检查出来的无法令人满意的问卷，常用的处理方法是退回实地重新调查，视为缺失数据或者放弃不用。

（2）如果调查者决定放弃一些问卷，则应当在报告中说明放弃的问卷数量以及判别这些问卷的程序。

(二）调查数据编辑

调查数据编辑，是指为了提高问卷数据的准确性和精确性而进行的再检查，目的是筛选出问卷中不清楚、不完整、不一致或模棱两可的答案。调查数据编辑的步骤如下。

（1）从已经搜集到的资料中选取一切有关的、有重要参考价值的资料，与此同时，剔除无关紧要的、没有参考价值的资料。

（2）将已经挑选出来的全部资料按照一定的逻辑顺序排列，使之前后连贯。根据实际需要将其中某些数据进行换算和调整，以便进行分析比较。

（3）核对调查资料的可靠性。要满足调查的准确性，必须确保调查资料的合理、可靠。在实际调查过程中，调查人员应该注意各种资料和资料来源的可靠程度，随时剔除那些可靠程度较低的资料。

（三）调查数据编码

调查数据编码，是指对一个调查项目的不同备选答案进行统计分组和统一设计代码的过程。编码一般应用于大规模的问卷调查中。

1. 编码的原则

（1）完备性原则。指每个答案都可以在最终的编码表上找到合适的对应编码。

（2）唯一性与互斥性原则。指每个答案只能有一个编码条目与之对应，不能出现同一答案对应两个或以上的编码条目。

（3）单一维度原则。指对于同一问题，所有的回答都只能是同一角度的答案。

（4）详略适当原则。指编码的数量应适当，必要时应将某些答案归纳到一起或将它们分开。

2. 编码的方法

根据编码进行的先后顺序，可以将编码分为两种类型：预编码和后编码。

（1）预编码

预编码，又称前设计编码，是指在问卷设计的同时就设计好的编码。预编码适用于封闭式问题。

① 对于单项选择题，因只能选择一个值，故可以将答案序号作为编码。

② 对于多项选择题，因能选择多个值，编码时通常将每一回答指定为次级变量，用"1"表示被调查者选择了该答案，用"0"表示未选择。

（2）后编码

后编码，又称后设计编码，是指在调查工作完成后再设计的编码。后编码适用于开放式问题。对于开放式问题，只能在资料收集好之后，再根据被调查者的回答内容来决定答案类别的编码。后编码工作可以按以下步骤进行：

① 列出所有答案。每一开放式问题的所有答案都一一列出。

② 将所有有意义的答案列成次数分布表。

③ 确定可以接受的统计分组数。

④ 根据拟定的统计分组数，对次数分布表中的答案进行挑选归并。

⑤ 为所确定的统计分组选择正式的描述词汇。

⑥ 根据统计分组结果制定编码规则。

⑦ 对全部回收问卷中的开放式问题答案进行编码，形成编码表。

（四）调查数据录入

调查数据录入，是指将问卷或编码表中的每一题目或变量对应的代码录入到磁盘等存储介质上，或通过键盘直接录入到计算机中。

调查数据录入的方式主要有两种：

（1）直接将编好码的数据输入计算机。直接输入数据方法的优点是避免了再次转录可能出现的差错。它的不足是录入时要不断地翻动问卷，录入的速度相对慢一些。

（2）先将编好码的数据转录到专门的登录表上，然后再从登录表上将数据输入计算机。将问卷上编好码的数据先转录到登录表上，再输入计算机的做法，虽然可以方便计算机录入人员，速度也相对较快，但它却要冒增加差错的风险。因为将问卷上编好码的数据抄录到登录表中，等于增加了一次转录过程，而每一次转录都存在出错的可能。

二、调查资料整理

（一）资料整理原则

调查资料整理，是指根据调查研究的目的与要求，对调查取得的各种资料进行科学的汇总加工，使之系统化，从而得出反映调查对象特征的综合资料的过程。

为保证调查资料整理的有效性和相关性，调查资料的整理应遵循以下原则：

（1）目的性原则。调查资料整理要根据调查的目的与要求，进行科学的分组、分类与汇总，并整理出研究问题所需的综合指标。

（2）联系性原则。调查资料整理所涉及的指标之间存在一定的逻辑关系，整理过程中要特别注意指标的选取以及它们之间的先后顺序。

（3）简明性原则。对调查资料整理可以采用不同的方法，如在分组中可选用简单分组、复合分组等，在资料汇总时可采用手工汇总或计算机汇总，应根据需要选择简单、实用、有效的方法，以提高资料整理的效率。

（二）调查资料分组

调查资料分组是指根据调查研究的任务和研究对象的内在特点，按照某种分组标志将调查资料分为若干组成部分或若干组的方法。

1. 调查资料分组的目的

调查资料分组，是调查资料整理最基本的方法之一。在保证调查资料质量的前提下，分组的好坏直接影响到能否得出准确的调查资料汇总资料，关系到调查资料分析的质量。

调查资料分组的目的就是提示现象内部各部分之间存在的差异，认识它们之间的联系，表明事物的本质与规律。

2. 调查资料分组标志的选择

调查资料分组的关键问题是正确选择分组标志与划分各组界限。分组标志是调查资料分组的依据，是划分组别的标准。划分各组界限主要是针对按数量标志分组而言的。

选择分组标志的方法如下。

（1）根据调查资料研究的目的和任务选择分组标志。不同的调查，其研究目的是不同的，所选择的分组标志也就不同，如研究目的是分析城乡居民收入水平的差距及对比变化，则应选择收入水平作为分组标志。

（2）选择能够反映事物本质或主要特征的标志。社会经济现象具有多种特征，不同的标志反映事物的不同侧面，有些标志反映了事物的本质特征，而有些标志则是非本质的将要标志。在选择分组标志时，应选择最主要、最能反映现象本质的标志进行分组。

（3）根据现象的历史条件和经济条件来选择分组标志。社会经济现象依存的历史条件和现实经济条件是不断变化、千差万别的，在选择分组标志时，必须考虑现象所处的具体历史条件和经济条件。

3. 调查资料分组的方法

根据分组标志性质的不同，可选择按品质标志分组和按数量标志分组。

（1）按品质标志分组。品质标志是指用文字表明总体单位属性的标志，其标志表现不能以数值表示，而只能用文字描述，用于说明事物性质的规定性。按品质标志分组就是用反映事物的属性特征的标志进行分组，它可以将总体单位划分为若干性质不同的类型。如教师按职称分组，企业按产品类别分组。

（2）按数量标志分组。数量标志是指用数字表明总体单位数量特征的标志，其表现形式只能是数字而不能以文字形式，用于说明事物量的规定性。按数量标志分组就是用反映事物数量特征的标志进行分组。如人员按年龄分组，职工按工资分组。

（三）调查资料汇总

调查资料汇总，是指在调查资料分组的基础上，将总体各单位分别归并到各组中，计算各组和总体的单位数、各组的标志总量，使原始资料转化为综合资料的过程。调查资料汇总的方法通常包括手工汇总和计算机汇总两大类。

其中，手工汇总是指运用纸、笔、算盘或小型计算器作为计算和计数的工具，对调查资料进行汇总的方法。常用的汇总方法有点线法、过录法、折叠法、卡片法等。

（1）点线法。指用点和线作为计数的符号（通常画"正"字），每一个点或线代表一个总体单位，根据每个单位所属的类别，在汇总表的相应组内划一个点或一条线，最后计算点或线的数目，加总计算出各组单位数的汇总方法。

（2）过录法。指根据汇总表中分组的要求，将调查资料过录到预先准备好的汇总表中，加总得出合计数填入正式的统计表内的汇总方法。

（3）折叠法。指通过折叠的方法将多张调查表中暂时不需要汇总的数据资料先掩盖起来，然后对所显露出来的数字逐一进行加总，最终得到各组标志总量的汇总方法。

（4）卡片法。指按分组汇总的要求，将调查表中的资料摘录到特制的卡片上，然后根据卡片进行分组和汇总计算的方法。

（四）调查资料统计表

统计表是用纵横交叉的线条所绘制的表格来表现调查资料的一种形式。通过统计表，能够系统条理地排列调查资料，便于查阅与检查；能科学合理地组织调查资料，便于计算和分析；能装订成册，便于保存和积累。

项目 3　整理分析资料

1．统计表的构成

从形式上分析，统计表由总标题、横行标题、纵栏标题和指标数值四部分构成。

（1）总标题。指统计表的名称，用于概括说明统计表的内容，一般写在表的上端中部。

（2）横行标题。指统计表横行的名称，在统计表中通常用于表示各组的名称，它代表统计表要说明的对象，一般写在表的左边。

（3）纵栏标题。指统计表纵栏的名称，在统计表中通常用于表示统计指标的名称，一般写在表的右半部的上方。

（4）指标数值。指统计指标的具体的数值，位于各横行标题与纵栏标题的交叉处。其内容由横行标题与纵栏标题限定。

2．统计表的种类

统计表按制表方式分为简单统计表与交叉统计表。简单统计表，是指只按一个标志进行分组而形成的统计表，见表 3-14。交叉统计表，是指按两个或两个以上的标志联系起来形成的统计表，见表 3-15。

表 3-14　某城市居民关注广告类型的频数分布表

广告类型	绝对数（人）	比例	频数（%）
商品广告	112	0.560	56.0
服务广告	51	0.255	25.5
金融广告	9	0.045	4.5
房地产广告	16	0.080	8.0
招生招聘广告	10	0.050	5.0
其他广告	2	0.010	1.0
合计	200	1.000	100.0

表 3-15　世界及一些国家国内生产总值的构成情况　　　　　　　　　　单位：%

国家	第一产业	第二产业	第三产业
世界	5.0	31.4	63.6
英国	1.0	25.3	73.7
法国	2.8	23.3	73.9
日本	1.7	36.0	62.3
韩国	4.9	43.8	51.3
中国	18.6	49.3	32.1

（资料来源：袁月秋．市场调研技能实训[M]．北京：中国人民大学出版社，2009）

3．统计表编制要求

（1）统计表中的各种标题，特别是总标题应简明扼要，能确切表达表中的内容。

（2）统计表的内容要简明扼要、一目了然、直观形象，便于对比和分析。

（3）表中数字应填写整齐，位数对齐。相同数字不允许用"同上"、"同左"等文字代替，无数字符号的用"—"表示。

（4）表中的指标数字要有计量单位。若整张表只有一种计量单位，可将单位写在表的右上方。若需要分别注明计量单位，则可专设"计量单位"一栏。

（5）统计表的表式，一般是开口式的，左右两端不画纵线。

（6）一般情况下，统计表应在表的下端加附注说明，用于解释统计资料的来源，以及某些需特别说明的问题。

（五）调查资料统计图

统计图，是指利用点、线、面、体等形式绘制成的，用于表示现象数量间的关系及其变动情况的几何图形。统计图可以使复杂的统计数字简单化、通俗化、形象化，使人一目了然，便于理解和比较。

统计图一般由图号（图的序号）、图名（图的名称）、图目（图中的横、纵坐标名）、图尺（坐标单位）、图形（基线、轮廓线、指导线等）、图注（图例说明、资料来源等）等要素组成。

常用的统计图形包括柱形图、条形图、折线图、饼图、散点图等。

（1）柱形图。指以宽度相同的条形或柱形的高低来表示统计数值大小及数量关系的一种统计图形，见图3-25。

（2）条形图。指以宽度相同的条形或柱形的长短来表示统计数值大小及数量关系的一种统计图形，见图3-26。

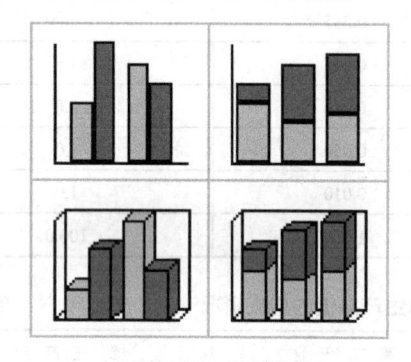

图 3-25 柱形图 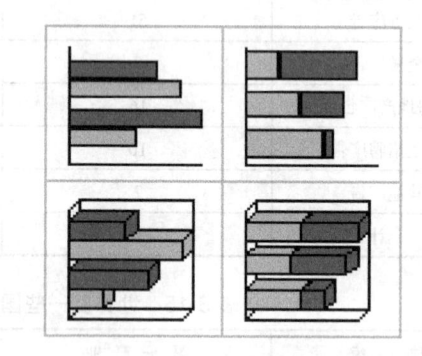　　　　　图 3-26 条形图

（3）折线图。折线图也称曲线图，指把某一标志随时间的变化而变化的数值用连续的点表示出来，然后连接起来形成的图形，见图3-27。

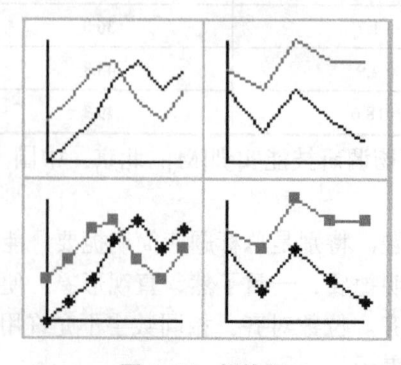

图 3-27 折线图

（4）饼图。指将数据资料显示在一个圆平面上，圆的整体代表一个总体，每一个部分表示一个部分在总体中所占的比重，见图 3-28。

（5）散点图。指把两个相互关联的标志随时间的变化而变化的数值用散点表示出来而形成的图形，见图 3-29。

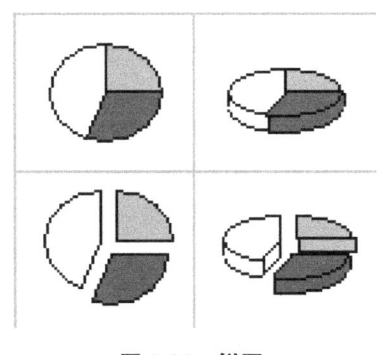

图 3-28　饼图 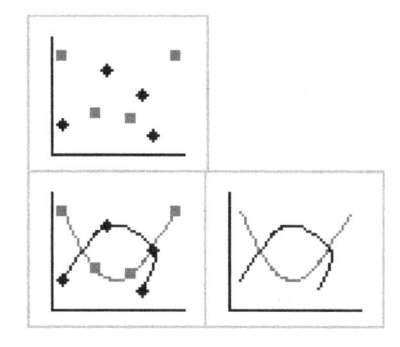　　　　　　　　　图 3-29　散点图

三、调查资料分析

（一）调查资料分析的内容

调查资料分析，是指通过将市场调查所获得的资料分解成较为简单的组成部分，辨析出这些部分的本质属性和彼此之间的关系，从而对研究的事物、现象有更清晰的、更本质的认识和把握的过程。

调查资料分析的基本内容如下。

（1）对调查特点、目的进行剖析，得出有关整个调查分析过程的方向及侧重点等方面的结论。

（2）对所应用的调查方法及分析方法的特性和针对性进行分析。

（3）对调查对象特点及对调查所持的态度等进行分析。

（4）对调查资料的可靠性和代表性进行分析。

（5）运用适当的分析方法，分析调查资料所反映的问题。

（6）综合得出最终的分析结论，并对这一结论的前提、深层根源及适用范围等提出见解。

（二）调查资料分析的方法

根据调查资料的属性的不同，调查资料分析方法主要包括两种：定性分析与定量分析。

1. 定性分析

定性分析主要针对以文字为主的描述性（非数量）资料。定性分析，也称逻辑分析，是指将调查得到的数据资料经过处理后，分析研究对象是否具有某种性质，分析现象变化的原因及变化的过程，以达到对现象的本质、趋势及规律等性质方面的认识。

（1）定性分析的原则

① 坚持采用正确的理论指导。

② 分析只能以调查资料为基础，并且分析出的结果必须用调查资料来验证。

③ 要从调查资料的全部事实出发，不能简单地从个别事实出发。

（2）定性分析的常用方法

① 归纳分析法。指以调查的统计分组资料为中心，对个别事实直接经验地加以概括、推演出有关事物的一般属性和本质的思维方法。归纳分析法是用得最广泛的一种定性分析方法。

② 演绎分析法。指从一般到特殊和个别，是根据一类事物都具有的一般属性来推断该类事物中的个别事物所具有的属性的推理分析方法。

③ 比较分析法。指把两个或两类资料相比较，从而确定它们之间的相同点和不同点的一种逻辑分析方法。它一般需要选择一定的参照系，如国家、地区的水平。

④ 结构分析法。指利用调查资料分析某种现象的结构及其各组成部分的功能，进而认识这一现象本质的方法。

2．定量分析

定量分析，是指对调查搜集来的数量资料进行计算、统计检验、分析解释，并以此为依据，做出科学推断，提示现象中所蕴涵的规律的一种分析方法。

最常用的定量分析是描述性统计分析。描述性统计分析是指对被调查总体所有单位的有关数据作收集、整理和计算综合指标等加工处理，用来描述总体特征的统计分析方法。描述性统计分析主要包括频数分析、集中趋势分析、离散程度分析等。

（1）频数分析

频数，又称次数，是指分布在各组的总体单位数。各组频数与总体单位数之比称为频率、比率或比重。频数分析就是指将总体中的所有单位按某个标志统计分组后，所形成的总体单位数在各组之间的分布分析，包括计算频数与频率。频数分析见表3-16。

表3-16　某市居民家庭按家庭人口分组

家庭人口数（人）	家庭户数（千户）	比重（%）
1	9.8	5.76
2	27.5	16.18
3	94.6	55.65
4	19.2	11.29
5	10.9	6.41
6	8.0	4.71
合计	170.0	100.00

（资料来源：周惠芳. 统计学基础[M]. 上海：立信会计出版社，2005）

（2）集中趋势分析

集中趋势分析，是指对同质总体各单位某一数量标志值在一定时间、地点、条件下所达到的一般水平的分析。集中趋势分析指标主要包括算术平均数、中位数、众数等。

① 算术平均数。指用总体标志总量除以总体单位总数求得的数值。算术平均数包括简单算术平均数与加权算术平均数两种。利用算术平均数，可以将处在不同地区、不同单位的某现象进行空间对比分析，以反映一般水平的变化趋势或规律。

简单算术平均数的计算公式为：

$$\bar{x} = \frac{\sum x_i}{n}$$

式中，$\bar{x}$ 为简单算术平均数；x_i 为各单位标志值；n 为单位数。

加权算术平均数的计算公式为：

$$\bar{x} = \frac{\sum x_i f_i}{\sum f_i}$$

式中，$\bar{x}$ 为加权算术平均数；x_i 为各单位标志值；f_i 为各单位的权数。

② 中位数。指将总体各单位的某一数量标志值按大小顺序排列，居中间位置的标志值。如果项数为奇数，则中位数就是位于正中间的那一项数值；如果项数为偶数，则中位数为正中间两项的平均值。中位数是根据位置确定的，位置居于数列中间，因而数列中的标志值有一半数值小于中位数，另一半数值大于中位数。

③ 众数。指总体中出现次数最多的标志值，它是总体中最常见的标志值，具有普遍性。在统计实践中，常利用众数来代表社会经济现象的一般水平。

（3）离散程度分析

离散程度分析，是指对反映总体各单位的某一数量标志值变异程度或离中趋势进行分析。离散程度分析的指标主要包括极差、平均差、方差和标准差、离散系数等。

① 极差。也称全距，是指总体各单位标志值中的最大值与最小值之差，用于说明被研究对象中各单位标志值的变动范围。一般来说，极差越大，平均数的代表性越小，所以，极差可以一般性地检验平均数的代表性大小。

② 平均差。即平均离差，指总体各单位标志值与其算术平均数的离差的绝对值的算术平均数。平均差的计算由于涉及了总体中的全部数据，因而比极差更能综合地反映总体数据的离散程度。

平均差的计算公式为：

$$\bar{y} = \frac{\sum |x_i - \bar{x}|}{n}$$

式中，$\bar{y}$ 为平均差；x_i 为各单位标志值；$\bar{x}$ 为各单位标志值的算术平均数；n 为单位数。

③ 标准差。也称均方差，是指总体各单位标志值与其算术平均数的离差平方的算术平均数的平方根。在统计学中，离差平方的算术平均数称为方差，方差的平方根就是标准差。标准差是测定数据离散程度最主要、最常用的指标。

标准差的计算公式为：

$$\sigma = \sqrt{\frac{\sum (x_i - \bar{x})^2}{n}}$$

式中，σ 为标准差；x_i 为各单位标志值；$\bar{x}$ 为各单位标志值的算术平均数；n 为单位数。

④ 离散系数。也称标志变异系数，是指用变异指标的绝对形式与算术平均数对比，用来反映总体各单位标志值离散程度的相对指标。离散系数包括全距系数、平均差系数和标准差系数，其中使用最多的是标准差系数。标准差系数是用标准差与算术平均数对比所得的相对数。

标准差系数的计算公式为：

$$v_\sigma = \frac{\sigma}{\bar{x}} \times 100\%$$

式中，v_σ 为标准差系数；σ 为标准差；$\bar{x}$ 为各单位标志值的算术平均数。

四、商圈与竞争者分析

（一）商圈分析

1. 商圈的含义

商圈是指商业物业吸引顾客的空间范围，也就是消费者到商业场所进行消费活动的时间距离或者空间距离。一个商圈能否有效形成，取决于以下要素：消费人群、有效经营者、有效的商业管理、商业发展前景、商业形象、商圈功能。

商圈范围按销售额与市场占有率指标分为：第一商圈市场、第二商圈市场、第三商圈市场。其中：第一商圈市场的市场占有率在30%以上，客户消费额占店铺销售总额的75%；第二商圈市场的市场占有率在10%以上，客户消费额占店铺销售总额的25%；第三商圈市场的市场占有率在5%以上，客户消费额占店铺销售总额的5%。值得注意的是，同一个店铺在不同的经营时期会受到许多因素的干扰和影响，致使商圈范围产生许多变化，因此经营者要经常对商圈进行调查以调整经营战略。

2. 商圈的确定

商圈主要可以通过以下两种方法确定。

（1）参照法。指参照某一类似的市场或地区已有的店铺的商圈规模大小确定，即根据本店铺所在地区的实际情况，参照市场或地区店铺在经营规模、经营特色上的不同，以及居民人口分布、城市建设、交通设施状况、商业布局等方面的差异，进行合理的修正，以取得较为准确的商圈零售饱和指数数值。

（2）调查法。指通过填写问卷调查的方法，把握在所定商圈范围上最远的而且愿意到预定地址购物的消费者的信息，以确定商圈。

3. 商圈的分析

商圈分析是指经营者对商圈的构成情况、特点、范围以及影响商圈规模变化的因素进行实地调查和分析，为选择店址、制订和调整经营方针和策略提供依据。

商圈分析的内容具体包括店铺的经营特征、店铺的经营规模、店铺的商品经营种类、竞争店铺的位置、顾客的流动性、交通地理状况、店铺的促销手段等。

（二）竞争者分析

1. 竞争者的类型

竞争者，也称竞争对手，是指在同一市场中，针对相似目标顾客群提供类似产品的企业。从不同的角度来分析，竞争者包括的类型也不同。

（1）从行业角度来看，企业的竞争者如下。

① 现有竞争者。指本行业内现有的与企业生产同样产品的其他企业，这些企业是企业的直接竞争者。企业应该密切关注主要的直接竞争对手，尤其是那些与自己同速增长或比自己增长快的竞争对手以及对企业的核心业务产生重要影响的竞争对手。

② 潜在竞争者。当某一行业前景乐观、有利可图时，会引来新的竞争企业，使该行业增加新的生产能力，并要求重新瓜分市场份额和主要资源。企业主要的竞争威胁不一定来自现有直接竞争对手，而可能来自于新的潜在竞争对手。

③ 替代品竞争者。与某一产品具有相同功能、能满足同一需求的不同性质的其他产品，属于替代品。替代品竞争者的出现，使该行业的所有企业都面临巨大挑战。

（2）从市场方面看，企业的竞争者如下。

① 品牌竞争者。指同一行业中以相似的价格向相同的顾客提供类似产品或服务的竞争者。如对于格力空调公司而言，海尔空调、三菱空调等就是其品牌竞争者。品牌竞争者之间的产品相互替代性较高，因而竞争非常激烈，各企业均以培养顾客品牌忠诚度作为争夺顾客的重要手段。

② 行业竞争者。指提供同种或同类产品，但产品的规格、型号、款式不同的竞争者。如对于家用空调公司而言，中央空调公司就是其行业竞争者；生产高档汽车与生产中档汽车的企业之间的竞争关系就属于行业竞争者关系。

③ 需要竞争者。指提供不同种类的产品，但满足和实现消费者同种需要的竞争者。如对于航空公司而言，铁路客运、长途客运汽车公司就是其需要竞争者。

④ 消费竞争者。指提供不同产品，满足消费者的不同愿望，但目标消费者相同的竞争者。如随着消费者收入水平的提高，人们可以把钱用于旅游，也可以用于购买汽车，或购置房产，因而这些企业之间的竞争关系就属于消费者竞争者关系。

（3）从企业所处的竞争地位来看，竞争者的类型如下。

① 市场领导者。指在某一行业的产品市场上占有最大市场份额的企业。如宝洁公司是日化用品市场的领导者，可口可乐公司是软饮料市场的领导者等。市场领导者通常在产品开发、价格变动、分销渠道、促销力量等方面处于主导地位。

② 市场挑战者。指在行业中处于次要地位（第二、第三甚至更低地位）的企业。如高露洁是日化用品市场的挑战者，百事可乐是软饮料市场的挑战者等。市场挑战者往往试图通过主动竞争扩大市场份额，提高其市场地位。

③ 市场追随者。指在行业中居于次要地位，并安于现状，愿意在战略上追随市场领导者。市场追随者最主要的特点是跟随。市场追随者通过观察、学习、借鉴、模仿市场领导者的行为，不断提高自身技能，不断发展壮大。

④ 市场补缺者。市场补缺者多是行业中相对较弱小的一些中、小企业，它们专注于市场上被大企业忽略的某些细小部分，在这些小市场上通过专业化经营来获取最大限度的收益，在大企业的夹缝中求得生存和发展。市场补缺者通过生产和提供某种具有特色的产品和服务，赢得发展的空间，甚至可能发展成为"小市场中的巨人"。

2. 竞争者分析目的

竞争者分析是指企业通过某种分析方法识别出竞争对手，并对它们的目标、资源、市场力量和当前战略等要素进行评价。

竞争者分析目的是准确判断竞争对手的战略定位和发展方向，并在此基础上预测竞争对手未来的战略，准确评价竞争对手对本组织的战略行为的反应，估计竞争对手在实现可持续竞争优势方面的能力。对竞争对手进行分析是确定组织在行业中战略地位的重要方法。

3. 竞争者分析内容

(1) 产品的分析,包括竞争企业产品在市场上的地位、产品的适销性以及产品系列的宽度与深度。

(2) 销售渠道的分析,包括竞争企业销售渠道的广度与深度、销售渠道的效率与实力、销售渠道的服务能力。

(3) 市场营销能力的分析,包括竞争企业市场营销组合的水平、市场调研与新产品开发的能力、销售队伍的培训与技能。

(4) 生产与经营能力的分析,包括竞争企业的生产规模与生产成本水平、设施与设备的技术先进性与灵活性、专利与专有技术、生产能力的扩展、质量控制与成本控制、区位优势、员工状况、原材料的来源与成本、纵向整合程度。

(5) 研发能力的分析,包括竞争企业内部在产品、工艺、基础研究、仿制等方面所具有的研究与开发能力,研究与开发人员的创造性、可靠性、简化能力等方面的素质与技能。

(6) 资金实力的分析,包括竞争企业的资金结构、筹资能力、现金流量、资信度、财务比率、财务管理能力。

(7) 组织能力的分析,包括竞争企业组织成员价值观的一致性与目标的明确性、组织结构与企业策略的一致性、组织结构与信息传递的有效性、组织对环境因素变化的适应性与反应程度、组织成员的素质。

(8) 管理能力的分析,包括竞争企业管理者的领导素质与激励能力、协调能力、管理者的专业知识、管理决策的灵活性、适应性和前瞻性。

4. 竞争者反应模式

一般来说,竞争者的反应模式有四种。

(1) 从容型竞争者,也称迟钝型竞争者。这类竞争者对市场竞争措施的反应不强烈,行动迟缓。这可能因为竞争者受到自身在资金、规模、技术等方面的能力的限制,无法做出适当的反应;也可能因为竞争者对自己的竞争力过于自信,不屑于采取反应行为;还可能因为竞争者对市场竞争措施重视不够,未能及时捕捉到市场竞争变化的信息。

(2) 选择型竞争者。这类竞争者只对特定类型的竞争举措做出反应。如大多数竞争企业对降价这样的价格竞争措施总是反应敏锐,倾向于做出强烈的反应,力求在第一时间采取报复措施进行反击,而对改善服务、增加广告、改进产品、强化促销等非价格竞争措施则不太在意,认为不构成对自己的直接威胁。

(3) 凶猛型竞争者,也称强烈反应型竞争者。这类竞争者对市场竞争因素的变化十分敏感,对任何竞争举措都会迅速地做出强烈的反应,进行激烈的报复和反击。凶猛型竞争者通常都是市场上的领先者,具有某些竞争优势。一般企业轻易不敢或不愿挑战其在市场上的权威,尽量避免与其作直接的正面交锋。

(4) 随机型竞争者,也称不规则型竞争者。这类竞争者的反应模式具有随机性,往往不按规则出牌,使人感觉不可捉摸。随机型竞争者在某些时候可能会对市场竞争的变化做出反应,也可能不做出反应;既可能迅速做出反应,也可能反应迟缓;其反应既可能是剧烈的,也可能是柔和的。

岗位业务工具

1. 品牌购买度分析表（见表 3-17）

表 3-17　品牌购买度分析表

品　　牌	班尼路	真维斯	佑威	苹果	佐丹奴	其他	合　　计
人数（人）							
比例（%）							
排名							

2. 品牌属性对比分析表（见表 3-18）

表 3-18　品牌属性对比分析表

品　　牌	班尼路	真维斯	佑威	苹果	佐丹奴	其他	合　　计
人数（人）							
比例（%）							
排名							

3. 品牌广告效果对比分析表（见表 3-19）

表 3-19　品牌广告效果对比分析表

品　　牌	电视	广播	杂志	户外广告	商店招牌	其他
真维斯						
佑威						
班尼路						
苹果						
佐丹奴						

4. 品牌满意度分析表（见表 3-20）

表 3-20　品牌满意度分析表

分数（分）	小于 60	60~70	70~80	80~90	90~100	合计
人数（人）						
比例（%）						
平均分（分）						

（资料来源：叶叔昌，邱红彬. 营销调研实训教程[M]. 武汉：华中科技大学出版社，2006）

项目 4

市场需求预测

职业岗位认识

1. 市场需求预测岗位工作描述

市场需求预测是指在市场调查的基础上，依据市场调查所获得的有关数据资料，运用科学的统计预测方法，对市场需求及影响市场需求的相关因素的发展变化趋势和未来可能的水平做出估计与预测。企业在经营管理活动中，通过科学的预测，可以了解各项市场环境的变化，如消费者的消费趋势、细分市场和竞争对手的状况等。

通过市场需求预测实训，学生能依据不同的预测资料正确选择需求预测的方法，并能熟练运用各种预测方法对市场需求的变化趋势进行预测。

2. 市场需求预测岗位工作程序

市场需求预测方案设计程序见图 4-1。

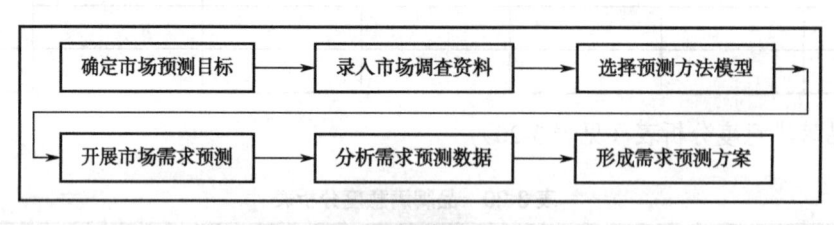

确定市场预测目标 → 录入市场调查资料 → 选择预测方法模型 → 开展市场需求预测 → 分析需求预测数据 → 形成需求预测方案

图 4-1 市场需求预测方案设计程序

项目 4 市场需求预测

岗位技能实训

任务 1 移动平均法

实训目的和要求

实训目的

1. 培养学生运用移动平均法的能力；
2. 培养学生组织分工与团队合作的能力；
3. 培养学生整理分析资料与写作的能力；
4. 培养学生计算机软件应用的能力；
5. 培养学生积极讨论与口头表达的能力。

实训要求

1. 能运用移动平均法对未来进行预测；
2. 能清晰地表达出移动平均法的程序；
3. 能撰写出移动平均法实训的实训报告；
4. 能依据实训报告制作出该次实训的 PPT 课件；
5. 实训报告及 PPT 课件通过电子邮件提交给老师。

实训例讲

某企业 2000—2009 年某商品实际销售资料见表 4-1。

表 4-1 某商品实际销售额统计表　　　　　　　　　　　　　　单位：万元

年份	2000	2001	2002	2003	2004	2005	2006	2007	2008	2009
销售额	1000	1300	1200	1300	1400	1200	1400	1600	1500	1700

试利用简单移动平均法预测该商品 2010 年的销售额，移动周期分别为 3 年和 5 年。

题解：

方法 1：利用表格计算移动平均值，平均值 $=(\Sigma x_i)/n$，计算结果见表 4-2。

表 4-2 移动平均值计算表

年　份	实际销售额（万元）	预测值（$n=3$）	预测值（$n=5$）
2000	1000	—	—
2001	1300	—	—
2002	1200	—	—
2003	1300	1166.67	—

续表

年 份	实际销售额（万元）	预测值（$n=3$）	预测值（$n=5$）
2004	1400	1266.67	—
2005	1200	1300	1240
2006	1400	1300	1280
2007	1600	1333.33	1300
2008	1500	1400	1380
2009	1700	1500	1420
2010		1600	1480

当 $n=3$ 时，预测值 $x_{2010}=$（1600+1500+1700）/3=1600（万元）

当 $n=5$ 时，预测值 $x_{2010}=$（1200+1400+1600+1500+1700）/5=1480（万元）

方法 2：利用 Excel 软件进行移动平均计算。

（1）启动 Excel，输入预测数据，见图 4-2。

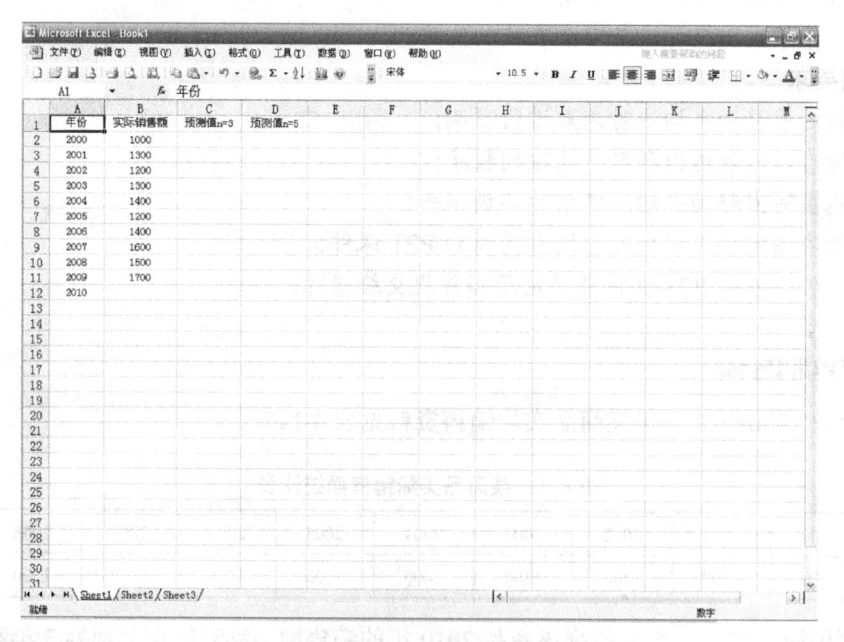

图 4-2　输入预测数据

（2）单击"工具"菜单，选择"数据分析"命令，打开"数据分析"对话框，见图 4-3。

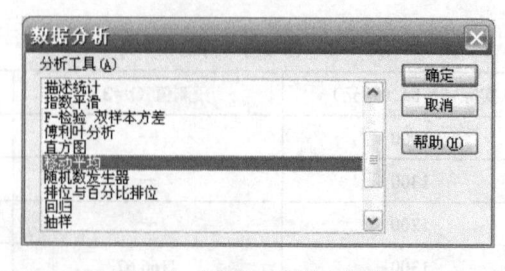

图 4-3　"数据分析"对话框

（3）选中"移动平均"，单击"确定"按钮，打开"移动平均"对话框，见图4-4。

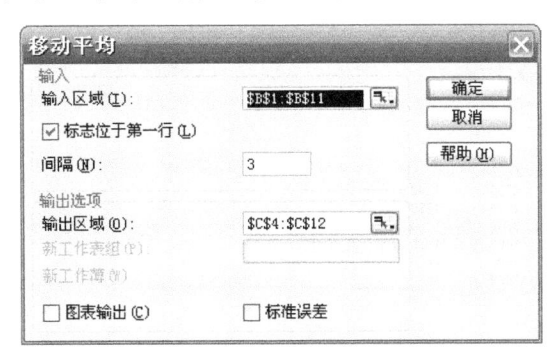

图 4-4　"移动平均"对话框

（4）输入区域为：B1：B11；选中"标志位于第一行"；间隔（N）输入：3；输出区域为：C3：C12；单击"确定"按钮，则移动周期为3年时，各年的移动平均预测值见图4-5。

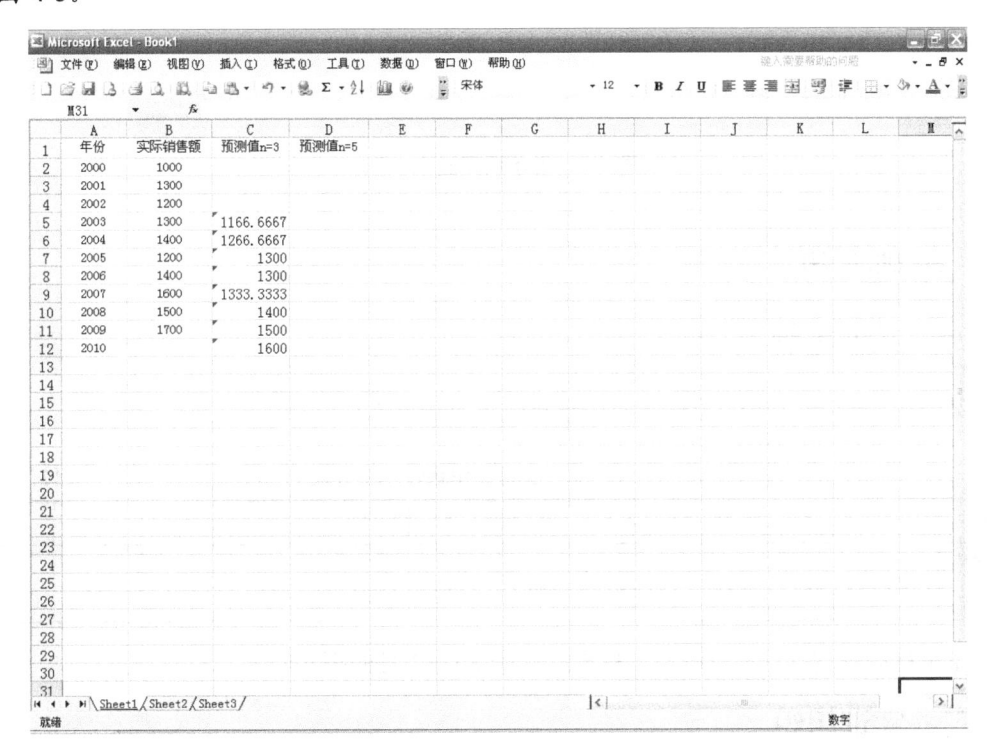

图 4-5　各年预测值（$n=3$）

（5）同理，可计算出移动周期为5年时，各年的移动平均预测值，见图4-6。

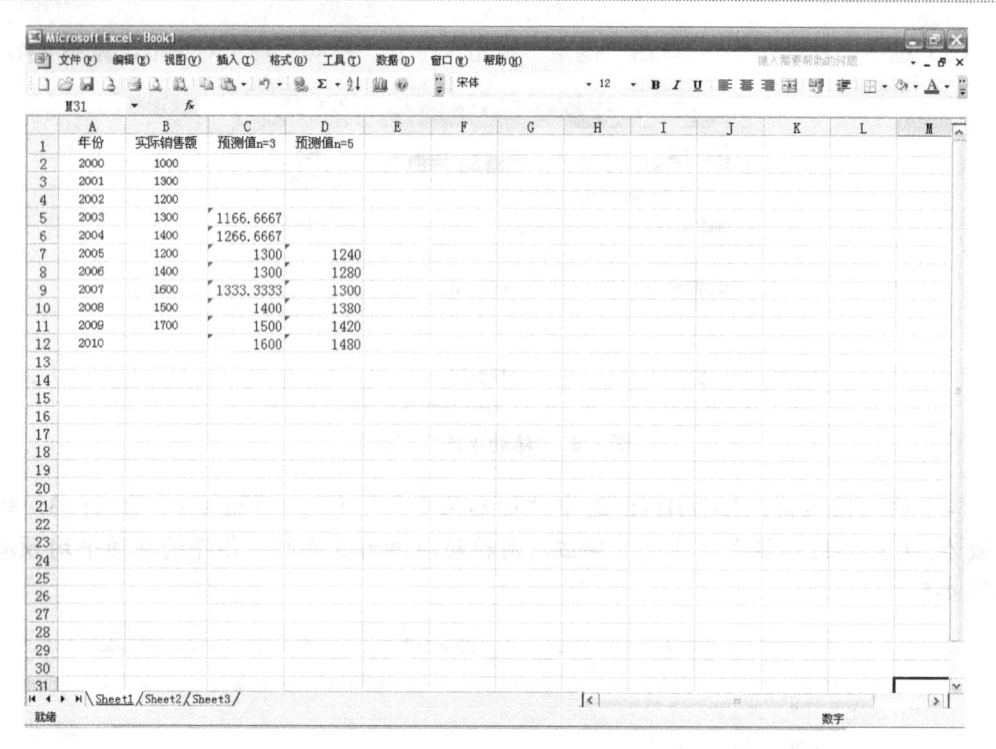

图 4-6　各年预测值（$n=5$）

实训练习

一、实训背景

某企业 2016 年 1—11 月份各月的销售收入见表 4-3。

表 4-3　各月的销售收入统计表　　　　　　　　　　单位：万元

月份	1	2	3	4	5	6	7	8	9	10	11
销售收入	195	220	200	195	185	180	185	180	190	230	210

试用移动平均法（n 分别为 3 和 5）预测该年 12 月的销售收入。

二、实训组织

1. 组建实训小组：将教学班学生按每小组 6~8 人的标准划分成若干课题小组，每个小组指定或推选出一名组长。

2. 确定实训课题：每个小组根据市场预测的背景资料，利用移动平均法对未来进行预测，并完成移动平均法实训报告以及制作实训报告 PPT 课件。

3. 实施实训操作：各小组组长根据移动平均法实训的要求，调配资源，明确各组员的任务，并督促大家有效地完成任务，包括：移动平均法预测的计算，移动平均法实训报告的撰写、打印,以及实训报告 PPT 课件的制作等。

4. 撰写实训报告:每个小组完成一份移动平均法实训的实训报告,并制作成 PPT 课件,实训报告与 PPT 课件通过电子邮件或校园网提交给指导教师。

5. 陈述实训心得:由各个小组推荐的发言人或小组组长代表本小组,借助实训 PPT 课件陈述本小组的实训报告和实训心得。

6. 评价实训效果:各个小组代表陈述后,指导教师点评该次移动平均法实训的情况,并由全班学生无记名投票,评选出该次实训的获奖小组,并给予表扬与奖励。

三、实训报告

移动平均法实训报告的格式见图 4-7。

```
            移动平均法实训报告
                第   1   次实训
班级_____   学号_____   姓名_____   实训评分_____
实训时间_____   实训名称   移动平均法实训

一、实训目的


二、实训背景


三、实训要求


四、移动平均法预测


五、实训心得体会


六、实训评价(指导教师填写)
```

图 4-7 移动平均法实训报告

四、实训考核

实训成绩依据学生上课出勤、课堂讨论发言、实训报告的写作和实训报告 PPT 课件制作水平等进行评定。首先由各小组组长对组内各成员进行成绩评定,成绩分为优秀、良好、中等、及格、不及格五挡;然后由指导教师对小组提交的实训报告及实训报告 PPT 进行评分;最后按照以下公式进行加权计算,计算出每个学生的最终成绩。

个人最终成绩=小组组长评定成绩×20%+指导教师评定成绩×80%

其中,小组组长评定组内成员成绩表、指导教师评定实训报告及实训报告 PPT 成绩表分别见表 4-4 与表 4-5。

表4-4 小组组长评定组内成员成绩表

小组成员姓名	小组成员成绩				
	优秀（90分以上）	良好（80~90分）	中等（70~79分）	及格（60~69分）	不及格（60分以下）

表4-5 指导教师评定实训报告及实训报告PPT成绩表

评价内容	分值（分）	评分（分）
预测程序的完整性	15	
预测计算的正确性	15	
实训报告的完整性与科学性	30	
实训报告PPT设计的质量	20	
实训报告表达效果	20	
总体评分	100	

任务2 指数平滑法

实训目的和要求

实训目的

1. 培养学生运用指数平滑法的能力；
2. 培养学生组织分工与团队合作的能力；
3. 培养学生整理分析资料与写作的能力；
4. 培养学生计算机软件应用的能力；
5. 培养学生积极讨论与口头表达的能力。

实训要求

1. 能运用指数平滑法对未来进行预测；
2. 能清晰地表达出指数平滑法的程序；
3. 能撰写出指数平滑法实训的实训报告；
4. 能依据实训报告制作出该次实训的PPT课件；
5. 实训报告及PPT课件通过电子邮件提交给老师。

实训例讲

某企业2016年1—6月份各月的销售收入见表4-6（已知1月份预测值为1508万元）。

项目 4　市场需求预测

表 4-6　各月的销售收入统计表　　　　　　　　　　　　　　　　　单位：万元

月　份	1	2	3	4	5	6	7
销售收入	1540	1480	1420	1510	1450	1540	

试用指数平滑法（平滑系数 α 分别为 0.2 和 0.8）预测该年 7 月的销售收入。

题解：

方法 1：利用表格计算预测值，预测值 $x=\alpha x_{t-1}+(1-\alpha)y_{t-1}$，计算结果见表 4-7。

表 4-7　预测值计算表

月　份	销　售　收　入	预测值（α=0.2）	预测值（α=0.8）
1	1540	1508	1508
2	1480	0.2×1540+（1-0.2）×1508=1514.4	1533.6
3	1420	0.2×1480+（1-0.2）×1514.4=1507.5	1490.7
4	1510	0.2×1420+（1-0.2）×1507.5=1490	1434.1
5	1450	0.2×1510+（1-0.2）×1490=1494	1494.8
6	1540	0.2×1450+（1-0.2）×1494=1485.2	1459
7		0.2×1540+（1-0.2）×1485.2=1496.2	1523.8

方法 2：利用 Excel 软件进行指数平滑计算。

（1）启动 Excel，输入预测数据，见图 4-8。

图 4-8　输入预测数据

（2）在单元格 C3 中输入公式：=B2*0.2+C2*0.8，确认后，拖动填充句柄到 C8，则平滑系数α为 0.2 时，每月的指数平滑预测值见图 4-9。

图 4-9　每月指数平滑预测值（α=0.2）

（3）同理，可计算出平滑系数α为 0.8 时，每月的指数平滑预测值见图 4-10。

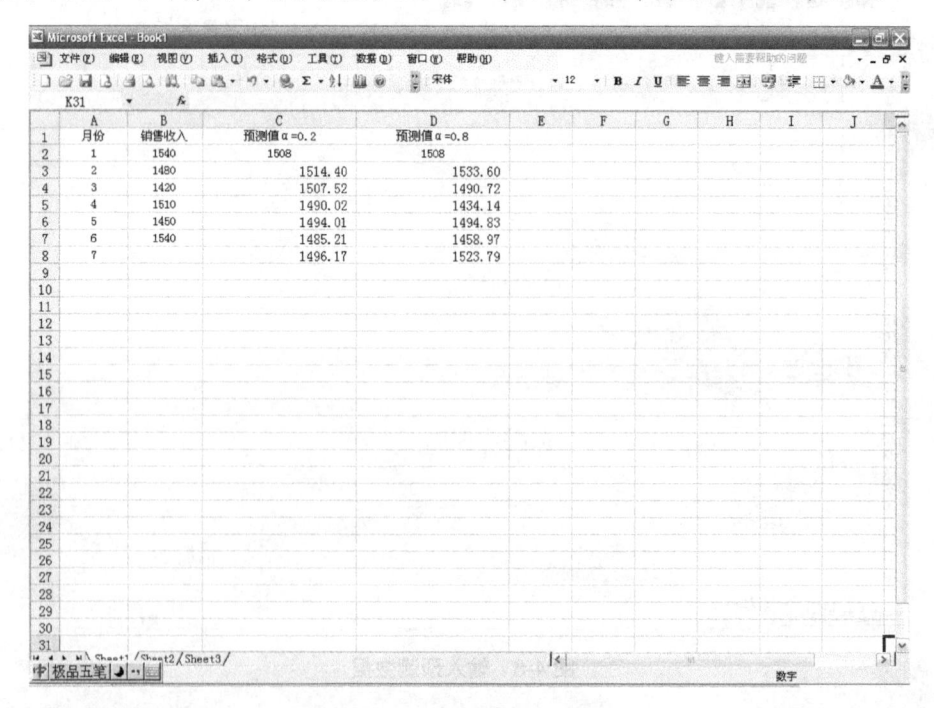

图 4-10　每月预测值（α=0.8）

项目 **4**　市场需求预测

方法 3：利用 Excel 软件"数据分析"功能进行指数平滑计算。

（1）启动 Excel，输入预测数据，见图 4-11。（注意输入数据与图 4-8 的区别。）

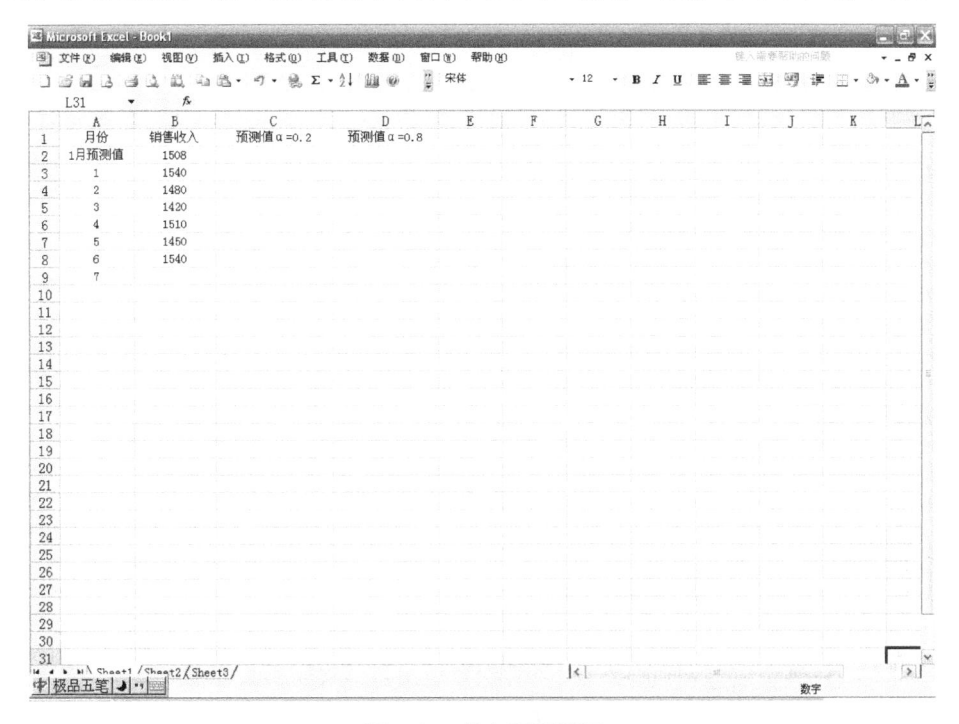

图 4-11　输入预测数据

（2）单击"工具"菜单，选择"数据分析"命令，打开"数据分析"对话框，见图 4-12。

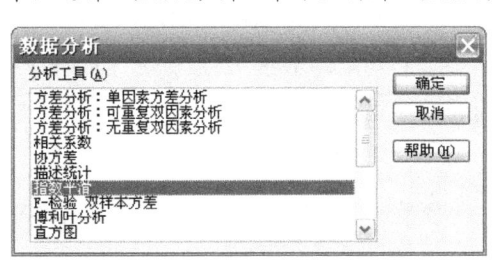

图 4-12　"数据分析"对话框

（3）选中"指数平滑"，单击"确定"按钮，打开"指数平滑"对话框，见图 4-13。

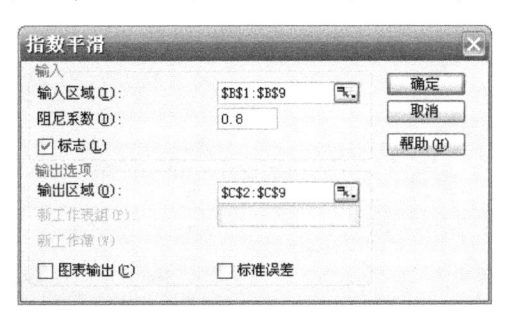

图 4-13　"指数平滑"对话框

（4）输入区域为：B1 : B9；选中“标志”；阻尼系数（1−α）输入：0.8；输出区域为：C2 : C9；单击“确定”按钮，则平滑系数α为 0.2 时，各月的指数平滑预测值见图 4-14。

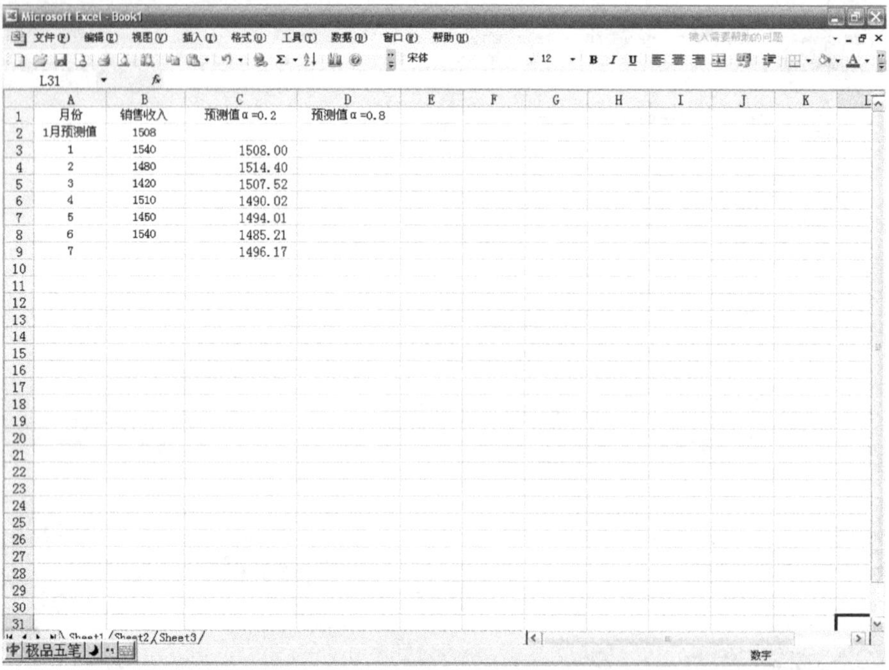

月份	销售收入	预测值α=0.2	预测值α=0.8
1月预测值	1508		
1	1540	1508.00	
2	1480	1514.40	
3	1420	1507.52	
4	1510	1490.02	
5	1450	1494.01	
6	1540	1485.21	
7		1496.17	

图 4-14　各月预测值（α=0.2）

（5）同理，可计算出平滑系数α为 0.8 时，各月的指数平滑预测值，见图 4-15。

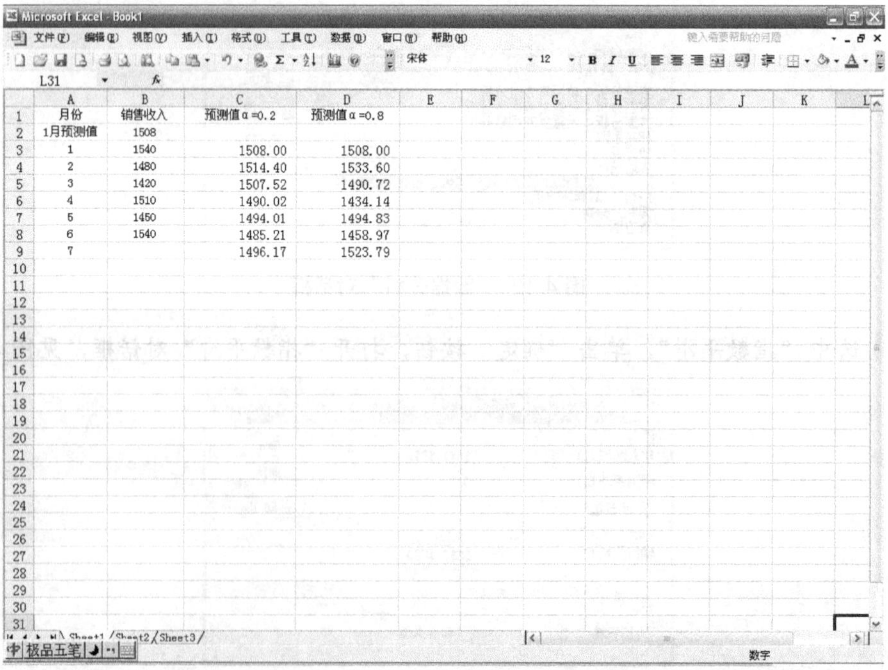

月份	销售收入	预测值α=0.2	预测值α=0.8
1月预测值	1508		
1	1540	1508.00	1508.00
2	1480	1514.40	1533.60
3	1420	1507.52	1490.72
4	1510	1490.02	1434.14
5	1450	1494.01	1494.83
6	1540	1485.21	1458.97
7		1496.17	1523.79

图 4-15　各月预测值（α=0.8）

项目 4 市场需求预测

实训练习

一、实训背景

某企业 2000—2009 年某商品实际销售资料见表 4-8。

表 4-8 商品实际销售额统计表 单位：万元

年份	2000	2001	2002	2003	2004	2005	2006	2007	2008	2009
销售额	267	295	290	299	322	314	257	321	291	308

试用指数平滑法（平滑系数 α 分别为 0.3 和 0.7）预测 2010 年的销售额。

二、实训组织

1．组建实训小组：将教学班学生按每小组 6~8 人的标准划分成若干课题小组，每个小组指定或推选出一名组长。

2．确定实训课题：每个小组根据市场预测的背景资料，利用指数平滑法对未来进行预测，并完成指数平滑法实训报告以及制作实训报告 PPT 课件。

3．实施实训操作：各小组组长根据指数平滑法实训的要求，调配资源，明确各组员的任务，并督促大家有效地完成任务，包括：指数平滑法预测的计算，指数平滑法实训报告的撰写、打印，以及实训报告 PPT 课件的制作等。

4．撰写实训报告：每个小组完成一份指数平滑法实训的实训报告，并制作成 PPT 课件，实训报告与 PPT 课件通过电子邮件或校园网提交给指导教师。

5．陈述实训心得：由各个小组推荐的发言人或小组组长代表本小组，借助实训 PPT 课件陈述本小组的实训报告和实训心得。

6．评价实训效果：各个小组代表陈述后，指导教师点评该次指数平滑法实训的情况，并由全班学生无记名投票，评选出该次实训的获奖小组，并给予表扬与奖励。

三、实训报告

指数平滑法实训报告的格式见图 4-16。

四、实训考核

实训成绩依据学生上课出勤、课堂讨论发言、实训报告的写作和实训报告 PPT 课件制作水平等进行评定。首先由各小组组长对组内各成员进行成绩评定，成绩分为优秀、良好、中等、及格、不及格五挡；然后由指导教师对小组提交的实训报告及实训报告 PPT 进行评分；最后按照以下公式进行加权计算，计算出每个学生的最终成绩。

个人最终成绩=小组组长评定成绩×20%+指导教师评定成绩×80%

其中，小组组长评定组内成员成绩表、指导教师评定实训报告及实训报告 PPT 成绩表分别见表 4-9 与表 4-10。

```
         指数平滑法实训报告
              第  2  次实训
   班级_____  学号_____  姓名_____  实训评分_____
   实训时间_____  实训名称_____指数平滑法实训_____
   一、实训目的

   二、实训背景

   三、实训要求

   四、指数平滑法预测

   五、实训心得体会

   六、实训评价（指导教师填写）
```

图 4-16　指数平滑法实训报告

表 4-9　小组组长评定组内成员成绩表

小组成员姓名	小组成员成绩					
	优秀（90分以上）	良好（80～90分）	中等（70～80分）	及格（60～70分）	不及格（60分以下）

表 4-10　指导教师评定实训报告及实训报告 PPT 成绩表

评价内容	分值（分）	评分（分）
预测程序的完整性	15	
预测计算的正确性	15	
实训报告的完整性与科学性	30	
实训报告 PPT 设计的质量	20	
实训报告表达效果	20	
总体评分	100	

项目 4　市场需求预测

任务 3　趋势预测法

实训目的和要求

实训目的

1. 培养学生运用趋势预测法的能力；
2. 培养学生组织分工与团队合作的能力；
3. 培养学生整理分析资料与写作的能力；
4. 培养学生计算机软件应用的能力；
5. 培养学生积极讨论与口头表达的能力。

实训要求

1. 能运用趋势预测法对未来进行预测；
2. 能清晰地表达出趋势预测法的程序；
3. 能撰写出趋势预测法实训的实训报告；
4. 能依据实训报告制作出该次实训的 PPT 课件；
5. 实训报告及 PPT 课件通过电子邮件提交给老师。

实训例讲

某公司 1999—2009 年的产品销售额见表 4-11。

表 4-11　产品销售额统计表　　　　　　　　　　　　　　单位：万元

年份	1999	2000	2001	2002	2003	2004	2005	2006	2007	2008	2009
销售额	360	320	340	440	400	440	480	460	500	540	580

试用趋势预测法预测 2010 年的销售额。

题解：

方法 1：利用表格计算趋势预测值，计算结果见表 4-12。

表 4-12　趋势预测值计算表

年　份	时序（t）	销售额（y）	t^2	ty
1999	-5	360	25	-1800
2000	-4	320	16	-1280
2001	-3	340	9	-1020
2002	-2	440	4	-880
2003	-1	400	1	-400
2004	0	440	0	0
2005	1	480	1	480
2006	2	460	4	920

续表

年　份	时序（t）	销售额（y）	t^2	ty
2007	3	500	9	1500
2008	4	540	16	2160
2009	5	580	25	2900
合计	0	4860	110	2580

$$\because a = \bar{y} = \frac{\sum y}{n} \quad a = \bar{y} = \frac{4860}{11} = 441.82$$

$$b = \frac{\sum ty}{\sum t^2} \quad b = \frac{2580}{110} = 23.455$$

∴ y= a+bt = 441.82+23.455t = 441.82+23.455×6 = 582.55（万元）

方法 2：利用 Excel 软件进行趋势预测计算。

（1）启动 Excel，输入预测数据，见图 4-17。

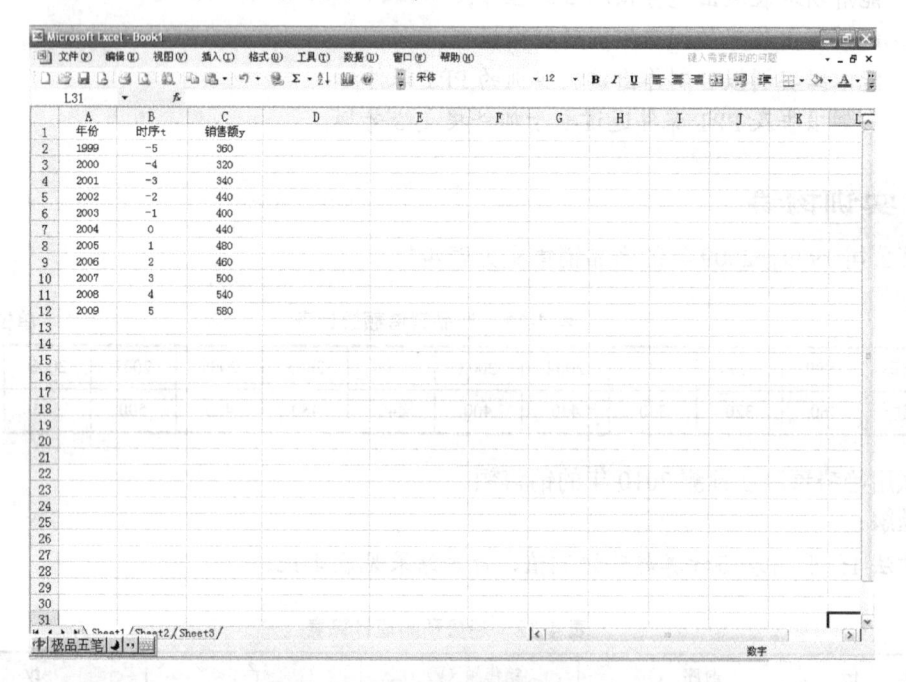

图 4-17　输入预测数据

（2）单击"工具"菜单，选择"数据分析"命令，打开"数据分析"对话框，见图 4-18。

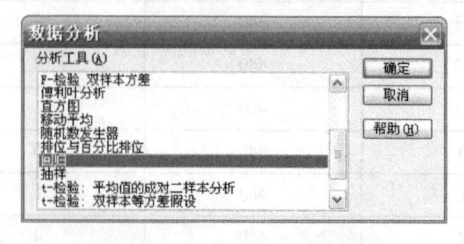

图 4-18　"数据分析"对话框

（3）选中"回归"，单击"确定"按钮，打开"回归"对话框，见图4-19。

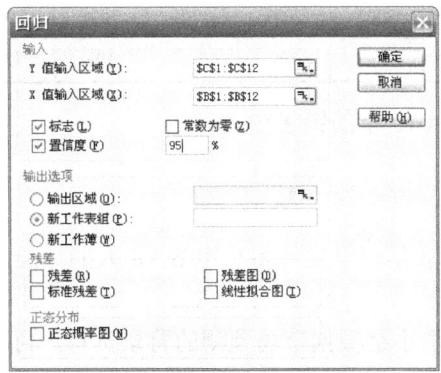

图4-19 "回归"对话框

（4）Y值输入区域为：C1:C12；X值输入区域为：B1:B12；选中"标志"复选框；置信度为95%；"输出选项"选中"新工作表组"单选按钮；单击"确定"按钮，常数 a、b 计算值为：a=441.82、b=23.45，见图4-20。

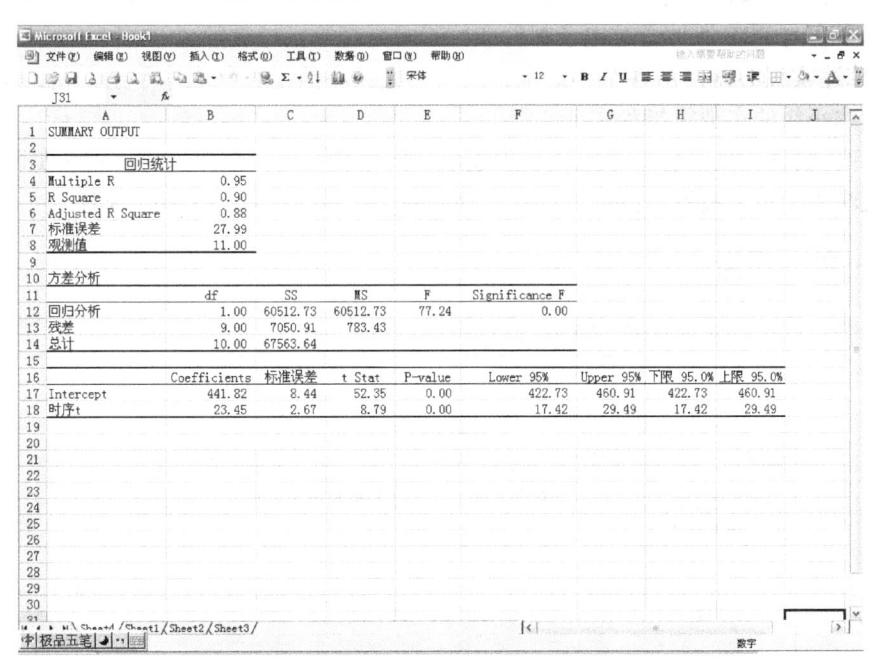

图4-20 常数 a、b 计算值

∴ y_{2010}=a+bt=441.82+23.45t=441.82+23.455×6=582.55（万元）

实训练习

一、实训背景

某公司2000—2009年的产品销售额见表4-13。

表 4-13　产品销售额统计表　　　　　　　　　　　　　　　单位：万元

年份	2000	2001	2002	2003	2004	2005	2006	2007	2008	2009
销售额	100	105	108	109	106	128	129	120	135	146

试用趋势预测法预测 2010 年的销售额。

二、实训组织

1．组建实训小组：将教学班学生按每小组 6~8 人的标准划分成若干课题小组，每个小组指定或推选出一名组长。

2．确定实训课题：每个小组根据市场预测的背景资料，利用趋势预测法对未来进行预测，并完成趋势预测法实训报告以及制作实训报告 PPT 课件。

3．实施实训操作：各小组组长根据趋势预测法实训的要求，调配资源，明确各组员的任务，并督促大家有效地完成任务，包括：趋势预测法预测的计算，趋势预测法实训报告的撰写、打印，以及实训报告 PPT 课件的制作等。

4．撰写实训报告：每个小组完成一份趋势预测法实训的实训报告，并制作成 PPT 课件，实训报告与 PPT 课件通过电子邮件或校园网提交给指导教师。

5．陈述实训心得：由各个小组推荐的发言人或小组组长代表本小组，借助实训 PPT 课件陈述本小组的实训报告和实训心得。

6．评价实训效果：各个小组代表陈述后，指导教师点评该次趋势预测法实训的情况，并由全班学生无记名投票，评选出该次实训的获奖小组，并给予表扬与奖励。

三、实训报告

趋势预测法实训报告的格式见图 4-21。

```
            趋势预测法实训报告
                 第　3　次实训
  班级_____　学号_____　姓名_____　实训评分_____
  实训时间_____　实训名称____趋势预测法实训____
  一、实训目的

  二、实训背景

  三、实训要求

  四、趋势预测法预测

  五、实训心得体会

  六、实训评价（指导教师填写）
```

图 4-21　趋势预测法实训报告

四、实训考核

实训成绩依据学生上课出勤、课堂讨论发言、实训报告的写作和实训报告 PPT 课件制作水平等进行评定。首先由各小组组长对组内各成员进行成绩评定,成绩分为优秀、良好、中等、及格、不及格五挡;然后由指导教师对小组提交的实训报告及实训报告 PPT 进行评分;最后按照以下公式进行加权计算,计算出每个学生的最终成绩。

个人最终成绩=小组组长评定成绩×20%+指导教师评定成绩×80%

其中,小组组长评定组内成员成绩表、指导教师评定实训报告及实训报告 PPT 成绩表分别见表 4-14 与表 4-15。

表 4-14 小组组长评定组内成员成绩表

小组成员姓名	小组成员成绩				
	优秀 (90 分以上)	良好 (80~90 分)	中等 (70~79 分)	及格 (60~69 分)	不及格 (60 分以下)

表 4-15 指导教师评定实训报告及实训报告 PPT 成绩表

评价内容	分值(分)	评分(分)
预测程序的完整性	15	
预测计算的正确性	15	
实训报告的完整性与科学性	30	
实训报告 PPT 设计的质量	20	
实训报告表达效果	20	
总体评分	100	

任务 4 季节指数法

实训目的和要求

实训目的

1. 培养学生运用季节指数法的能力;
2. 培养学生组织分工与团队合作的能力;
3. 培养学生整理分析资料与写作的能力;
4. 培养学生计算机软件应用的能力;
5. 培养学生积极讨论与口头表达的能力。

实训要求

1. 能运用季节指数法对未来进行预测；
2. 能清晰地表达出季节指数法的程序；
3. 能撰写出季节指数法实训的实训报告；
4. 能依据实训报告制作出该次实训的 PPT 课件；
5. 实训报告及 PPT 课件通过电子邮件提交给教师。

实训例讲

某企业 2005—2009 年分季度销售额资料见表 4-16。

表 4-16　分季度销售额统计表　　　　　　　　　　　单位：万元

年份	一季度	二季度	三季度	四季度
2005	354.94	370.18	312.08	352.16
2006	338.96	457.59	269.26	442.12
2007	432.97	398.50	317.83	467.42
2008	368.58	416.18	216.55	390.29
2009	354.42	415.72	186.53	356.21

若企业预测 2010 年的销售额将达到 1444.17 万元，试利用季节指数法确定 2010 年各季度的销售额。

题解：

方法 1：利用表格计算，计算结果见表 4-17。

表 4-17　季节指数法预测计算表

年　份	一季度	二季度	三季度	四季度	年平均数
2005	354.94	370.18	312.08	352.16	347.34
2006	338.96	457.59	269.26	442.12	367.98
2007	432.97	398.50	317.83	467.42	404.18
2008	368.58	416.18	216.55	390.29	347.90
2009	354.42	415.72	186.53	356.21	328.22
季平均数	369.97	411.63	260.45	401.64	360.92
季节指数	102.51%	114.05%	72.16%	111.28%	100%

1. 计算各年平均每季的销售额

（1）2005 年季平均数＝（354.94+370.18+312.08+352.16）/4=347.34 万元

（2）2006 年季平均数＝（338.96+457.59+269.26+442.12）/4=367.98 万元

同理，可计算出：2007 年=404.18 万元；2008 年=347.90 万元；2009 年=328.22 万元

2. 计算各年某季平均销售额

（1）第一季平均数＝（354.94+338.96+432.97+368.58+354.42）/5=369.97 万元

（2）第二季平均数＝（370.18+457.59+398.50+416.18+415.72）/5=411.63 万元

项目 4 市场需求预测

同理，可计算出：第三季平均数=260.45 万元；第四季平均数=401.64 万元
3. 计算各年各季的总平均数
总平均数=（369.97+411.63+260.45+401.64）/4=360.92 万元
或总平均数=（347.34+367.98+404.18+347.90+328.22）/5=359.12 万元
4. 计算各季的季节指数
（1）第一季季节指数=369.97/360.92=102.51%
（2）第二季季节指数=411.63/360.92=114.05%
同理，可计算出：第三季季节指数=72.16%；第四季季节指数=111.28%
5. 计算 2010 年各季的预测值
（1）第一季预测值=（1444.17/4）×102.51%=370.09 万元
（2）第二季预测值=（1444.17/4）×114.05%=411.77 万元
同理，可计算出：第三季预测值=260.54 万元；第四季预测值=401.77 万元
方法 2：利用 Excel 软件进行季节指数法预测计算。
（1）启动 Excel，输入预测数据，见图 4-22。

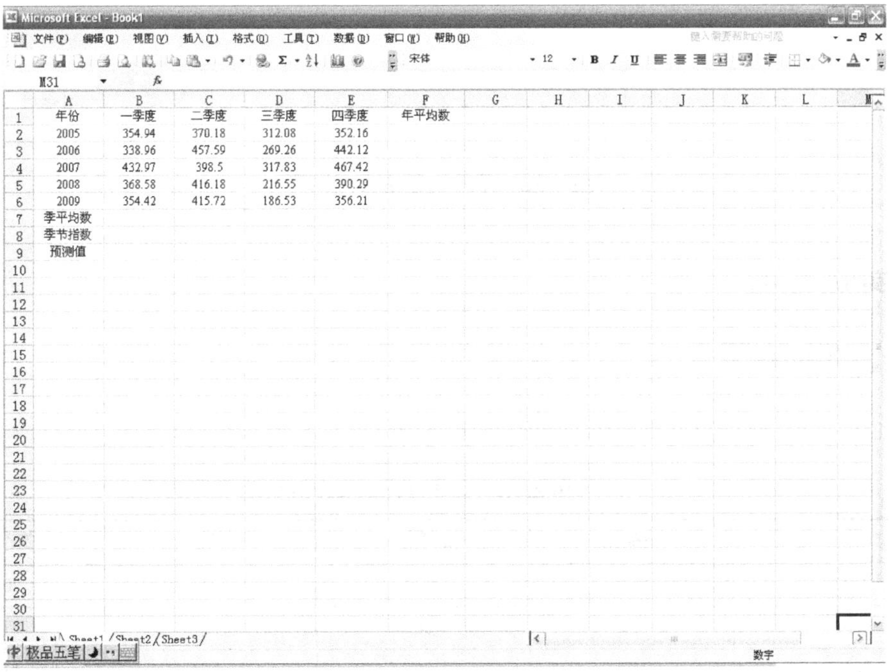

图 4-22　输入预测数据

（2）利用公式计算年平均数、季平均数、季节指数和预测值。
① 计算年平均数：在单元格 F2 中输入公式：=AVERAGE(B2:E2)，确认后，拖动填充句柄到 F6，则年平均数计算出来。
② 计算季平均数：在 B7 中输入公式：=AVERAGE(B2:B6)，确认后，拖动填充句柄到 F7，则季平均数计算出来。
③ 计算季节指数：在 B8 中输入公式：=B7/F7，确认后，拖动填充句柄到 F8，则季节指数计算出来。

④ 计算预测值：在 B9 中输入公式：=(1444.17/4)*B8，确认后，拖动填充句柄到 E9，则各季的预测值见图 4-23。

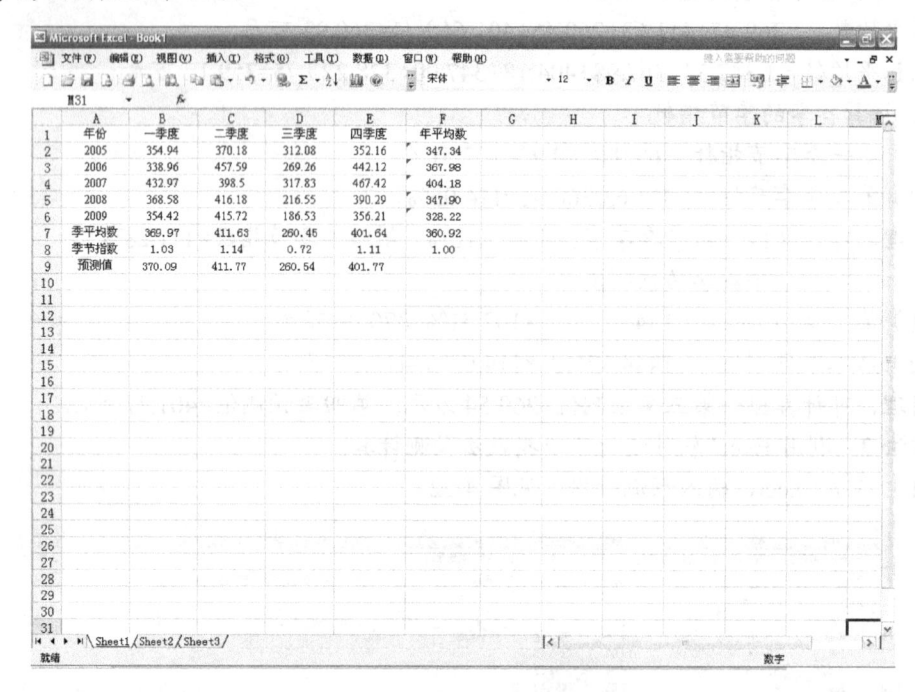

图 4-23　季节指数法预测计算

实训练习

一、实训背景

某企业 2007—2009 年分季度销售额资料见表 4-18。

表 4-18　分季度销售额统计表　　　　　　　　　　　　　　　　单位：万元

年　份	一季度	二季度	三季度	四季度
2007	128	42	21	201
2008	136	66	32	235
2009	146	89	46	256

若企业预测 2010 年的销售额将达到 617 万元，试利用季节指数法确定 2010 年各季度的销售额。

二、实训组织

1．组建实训小组：将教学班学生按每小组 6～8 人的标准划分成若干课题小组，每个小组指定或推选出一名组长。

2．确定实训课题：每个小组根据市场预测的背景资料，利用季节指数法对未来进行预测，并完成季节指数法实训报告以及制作实训报告 PPT 课件。

3．实施实训操作：各小组组长根据季节指数法实训的要求，调配资源，明确各组员的任务，并督促大家有效地完成任务，包括：季节指数法预测的计算，季节指数法实训报告的撰写、打印，以及实训报告 PPT 课件的制作等。

4．撰写实训报告：每个小组完成一份季节指数法实训的实训报告，并制作成 PPT 课件，实训报告与 PPT 课件通过电子邮件或校园网提交给指导教师。

5．陈述实训心得：由各个小组推荐的发言人或小组组长代表本小组，借助实训 PPT 课件陈述本小组的实训报告和实训心得。

6．评价实训效果：各个小组代表陈述后，指导教师点评该次季节指数法实训的情况，并由全班学生无记名投票，评选出该次实训的获奖小组，并给予表扬与奖励。

三、实训报告

季节指数法实训报告的格式见图 4-24。

```
               季节指数法实训报告
                  第 __4__ 次实训
   班级_____  学号_____  姓名_____  实训评分_____
   实训时间_____  实训名称__季节指数法实训__
   一、实训目的

   二、实训背景

   三、实训要求

   四、季节指数法预测

   五、实训心得体会

   六、实训评价（指导教师填写）
```

图 4-24 季节指数法实训报告

四、实训考核

实训成绩依据学生上课出勤、课堂讨论发言、实训报告的写作和实训报告 PPT 课件制作水平等进行评定。首先由各小组组长对组内各成员进行成绩评定，成绩分为优秀、良好、中等、及格、不及格五档；然后由指导教师对小组提交的实训报告及实训报告 PPT 进行评分；最后按照以下公式进行加权计算，计算出每个学生的最终成绩。

个人最终成绩=小组组长评定成绩×20%+指导教师评定成绩×80%

其中，小组组长评定组内成员成绩表、指导教师评定实训报告及实训报告 PPT 成绩表分别见表 4-19 与表 4-20。

表 4-19　小组组长评定组内成员成绩表

小组成员姓名	小组成员成绩					
	优秀 （90 分以上）	良好 （80~90 分）	中等 （70~79 分）	及格 （60~69 分）	不及格 （60 分以下）

表 4-20　指导教师评定实训报告及实训报告 PPT 成绩表

评价内容	分值（分）	评分（分）
预测程序的完整性	15	
预测计算的正确性	15	
实训报告的完整性与科学性	30	
实训报告 PPT 设计的质量	20	
实训报告表达效果	20	
总体评分	100	

任务 5　回归分析法

实训目的和要求

实训目的

1. 培养学生运用回归分析法的能力；
2. 培养学生组织分工与团队合作的能力；
3. 培养学生整理分析资料与写作的能力；
4. 培养学生计算机软件应用的能力；
5. 培养学生积极讨论与口头表达的能力。

实训要求

1. 能运用回归分析法对未来进行预测；
2. 能清晰地表达出回归分析法的程序；
3. 能撰写出回归分析法实训的实训报告；
4. 能依据实训报告制作出该次实训的 PPT 课件；
5. 实训报告及 PPT 课件通过电子邮件提交给教师。

项目 4 市场需求预测

实训例讲

某地区 10 年间农民人均年收入与该地区相应年份的商品销售额的资料见表 4-21。

表 4-21 农民人均年收入与商品销售额的统计资料表

年序号	1	2	3	4	5	6	7	8	9	10
人均年收入（元）	800	1040	1120	1280	1440	1640	1880	2080	2320	2560
商品销售额（百万元）	272	304	312	328	344	364	380	404	432	452

若下一年度农民人均年收入增长到 3000 元，试用回归分析法预测该地区市场销售额。

题解：

方法 1：利用表格计算回归分析法预测值，计算结果见表 4-22。

表 4-22 趋势预测值计算表

年 序 号	人均年收入 x	销售额 y	x^2	xy
1	800	272	640000	217600
2	1040	304	1081600	316160
3	1120	312	1254400	349440
4	1280	328	1638400	419840
5	1440	344	2073600	495360
6	1640	364	2689600	596960
7	1880	380	3534400	714400
8	2080	404	4326400	840320
9	2320	432	5382400	1002240
10	2560	452	6553600	1157120
合计	16160	3592	29174400	6109440

$$\because b = \frac{n\sum xy - \sum x \sum y}{n\sum x^2 - (\sum x)^2} \quad b = \frac{10 \times 6109440 - 16160 \times 3592}{10 \times 29174400 - 16160 \times 16160} = 0.0996$$

$$a = \bar{y} - b\bar{x} \quad a = \frac{3592}{10} - 0.0996 \times \frac{16160}{10} = 198.2464$$

$\therefore y_f = a + bx_f = 198.2464 + 0.0996 x_f = 198.2464 + 0.0996 \times 3000 = 497.05$（百万元）

方法 2：利用 Excel 软件进行趋势预测计算。

（1）启动 Excel，输入预测数据，见图 4-25。

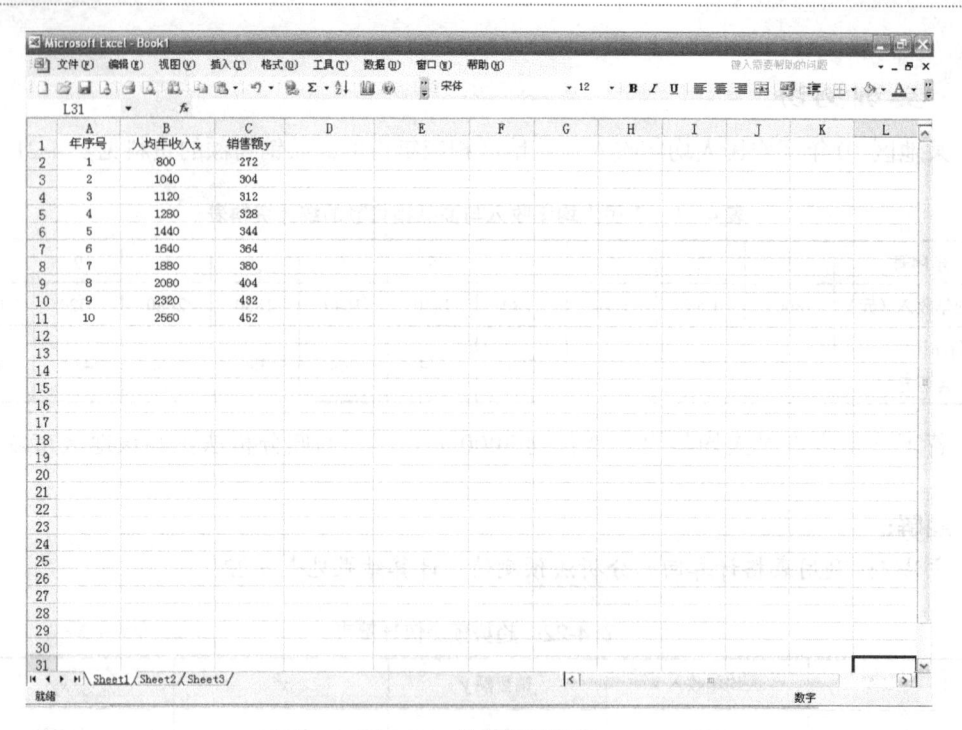

图 4-25 输入预测数据

（2）单击"工具"菜单，选择"数据分析"命令，打开"数据分析"对话框，见图 4-26。

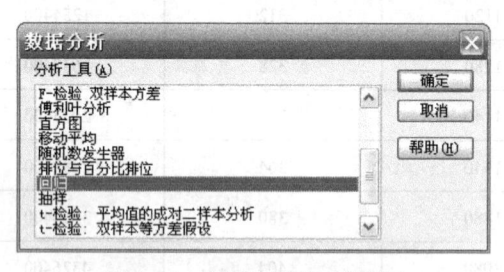

图 4-26 "数据分析"对话框

（3）选中"回归"，单击"确定"按钮，打开"回归"对话框，见图 4-27。

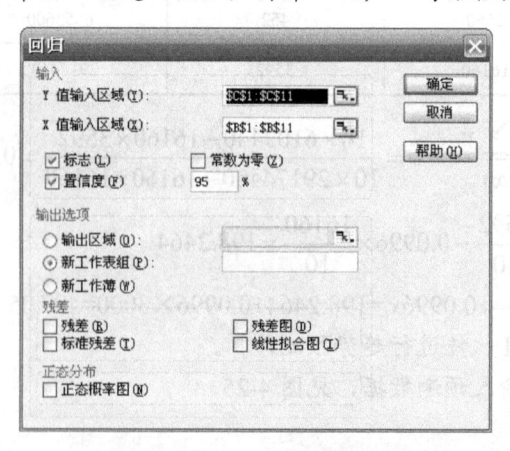

图 4-27 "回归"对话框

（4）Y 值输入区域为：C1:C11；X 值输入区域为：B1:B11；选中"标志"复选框；置信度为 95%；"输出选项"选中"新工作表组"单选按钮；单击"确定"按钮，常数 a、b 计算值：a=198.2422、b=0.0996，见图 4-28。

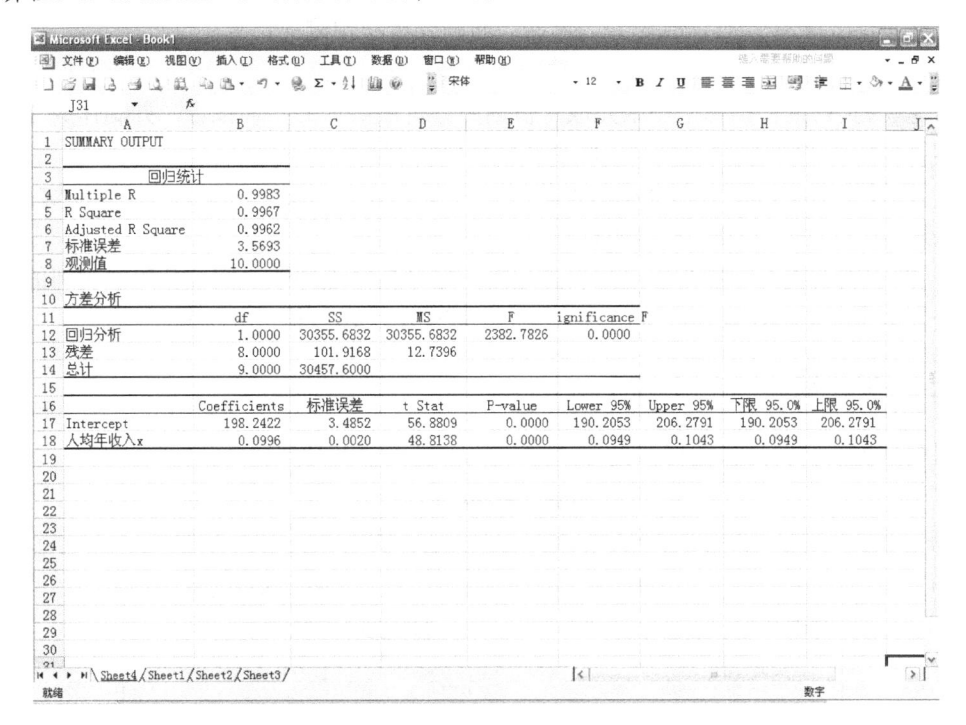

图 4-28 常数 a、b 计算值

∴ $y_i = a + bx_i = 198.2422 + 0.0996 x_i = 198.2422 + 0.0996 \times 3000 = 497.05$（百万元）

实训练习

一、实训背景

某企业连续 8 年生产某种产品的月产量与生产费用资料见表 4-23。

表 4-23 月产量与生产费用资料表

年序号	1	2	3	4	5	6	7	8	合计
月产量（千吨）	12	20	31	38	51	61	71	80	364
生产费用（万元）	62	86	80	110	115	132	135	160	880

若企业月产量增加到 120 千吨，试用回归分析法预测该企业的生产费用。

二、实训组织

1. 组建实训小组：将教学班学生按每小组 6～8 人的标准划分成若干课题小组，每个小组指定或推选出一名组长。

2. 确定实训课题：每个小组根据市场预测的背景资料，利用回归分析法对未来进行预测，并完成回归分析法实训报告以及制作实训报告 PPT 课件。

3. 实施实训操作：各小组组长根据回归分析法实训的要求，调配资源，明确各组员的任务，并督促大家有效地完成任务，包括：回归分析法预测的计算，回归分析法实训报告的撰写、打印，以及实训报告 PPT 课件的制作等。

4. 撰写实训报告：每个小组完成一份回归分析法实训的实训报告，并制作成 PPT 课件，实训报告与 PPT 课件通过电子邮件或校园网提交给指导教师。

5. 陈述实训心得：由各个小组推荐的发言人或小组组长代表本小组，借助实训 PPT 课件陈述本小组的实训报告和实训心得。

6. 评价实训效果：各个小组代表陈述后，指导教师点评该次回归分析法实训的情况，并由全班学生无记名投票，评选出该次实训的获奖小组，并给予表扬与奖励。

三、实训报告

回归分析法实训报告的格式见图 4-29。

```
                回归分析法实训报告
                  第  5  次实训
班级_____   学号_____   姓名_____   实训评分_____
实训时间_____       实训名称____回归分析法实训____

一、实训目的

二、实训背景

三、实训要求

四、回归分析法预测

五、实训心得体会

六、实训评价（指导教师填写）
```

图 4-29　回归分析法实训报告

四、实训考核

实训成绩依据学生上课出勤、课堂讨论发言、实训报告的写作和实训报告 PPT 课件制作水平等进行评定。首先由各小组组长对组内各成员进行成绩评定，成绩分为优秀、良好、中等、及格、不及格五挡；然后由指导教师对小组提交的实训报告及实训报告 PPT 进行评分；最后按照以下公式进行加权计算，计算出每个学生的最终成绩。

个人最终成绩=小组组长评定成绩×20%+指导教师评定成绩×80%

项目 4　市场需求预测

其中，小组组长评定组内成员成绩表、指导教师评定实训报告及实训报告 PPT 成绩表分别见表 4-24 与表 4-25。

表 4-24　小组组长评定组内成员成绩表

小组成员姓名	小组成员成绩				
	优秀 （90 分以上）	良好 （80~90 分）	中等 （70~79 分）	及格 （60~69 分）	不及格 （60 分以下）

表 4-25　指导教师评定实训报告及实训报告 PPT 成绩表

评价内容	分值（分）	评分（分）
预测程序的完整性	15	
预测计算的正确性	15	
实训报告的完整性与科学性	30	
实训报告 PPT 设计的质量	20	
实训报告表达效果	20	
总体评分	100	

岗位知识链接

一、市场预测概述

（一）市场预测所需资料

市场预测是在市场调查基础上对未来市场需求进行的估计与测算。

市场预测必须以充分的历史和现实资料为依据。在市场预测中，其预测过程是否能够顺利进行，预测结果准确程度的高低，预测是否符合市场现象的客观实际等，在很大程度上取决于预测者是否占有充分的、可靠的历史和现实的市场资料。市场预测所需的资料包括历史资料和现实资料两大类。

1．历史资料

历史资料是指预测以前各观察期的各种有关的市场资料，这些资料反映市场或影响市场的各种重要因素的历史状况和发展变化规律。市场及影响市场各种因素的历史资料，是进行市场预测的基本依据，是保证市场预测客观地对市场未来状况和发展变化趋势做出合理估计的基本条件。

2．现实资料

现实资料是指进行市场预测时或预测期内市场及各种影响因素的资料。市场预测必须收集有关现实资料,才能使市场预测的结果既不脱离市场现象的长期发展规律,又能对市场的现实变化做出及时的反应,使市场预测结果更加符合客观实际。

(二)市场预测基本原则

1. 连续性原则

连续性原则是指事物的发展具有一定的延续性,市场发展也不例外。未来的市场规模和状况是由过去发展到现在,再由现在延续和发展到未来。依据连续性原则,过去和现在市场经济活动中存在的某种规律,在将来的一段时期内将继续存在。

2. 类推性原则

类推性原则是指许多事物在发展变化规律上常有类似之处,利用预测对象与其他事物的发展变化在时间上的先后不同、在表现形式上的相似特点,将已知事物发展过程类推到预测对象上,对预测对象的前景进行预测。

3. 相关性原则

相关性原则是指各种事物之间存在着一定的相互联系和相互影响,即市场经济变量之间存在着一定的相关性。相关性有多种表现形式,其中最重要的是因果关系。因果关系的特点是原因在前,结果在后,并且原因和结果之间密切的结构关系可以用函数关系式来表达。利用原因与结果变量之间的函数关系式可以进行市场预测。

4. 相近性原则

相近性原则是指当预测者对预测对象的过去和现在都不了解,无法掌握其发展的规律性时,可根据相近事物的发展变化情况和状态,来估计预测对象的未来发展趋势。

(三)市场预测基本方法

市场预测方法可以归纳为定性预测与定量预测两大类。

1. 定性预测

定性预测,是指依靠预测者的专门知识与经验来分析判断事物未来发展趋势的一种预测方法。在实际工作中,由于影响市场发展的因素错综复杂,资料难以数量化,甚至根本不可能用数量指标来表示,这时一般只能采用定性预测方法。定性预测法通常是在数据不足,数据难以或无必要去收集时,凭借个人的经验、知识或集体的智慧和直观的材料,对事物的性质和规律进行的预测。

定性预测法可分为主观估计法和技术分析法两类。主观估计法包括经验判断法、集体意见法和主观概率法等;技术分析法包括德尔菲法、历史类推法、形态分析法和系统分析法等。

2. 定量预测

定量预测,是指在数据资料充分的基础上,运用数学方法,有时还要结合计算机技术,对事物未来的发展趋势进行数量方面的估计和推测。

定量预测法的运用,要求有充分的历史资料,影响预测对象发展变化的因素相对稳定,能在预测对象的某一指标与其他相关指标的联系中找出规律,并能以此作为建立数学模型。即定性预测法通常是在原始数据充分或数据来源多且稳定的情况下采用。

定量预测法主要包括移动平均法、指数平滑法、趋势预测法、季节指数法、回归分析法等预测方法。

(四) 市场预测基本步骤

1. 确定市场预测的目的

确定市场预测的目的，就是明确市场预测所要解决的问题是什么。在市场预测中只有确定了市场预测的目的，才能进一步确定市场预测的内容、选择适当的预测方法、收集必需的预测资料，从而确定市场预测的水平和所要达到的目的。

2. 调查、收集和整理市场预测所需资料

预测资料的数量和质量将直接影响预测结果的准确性。一般来说，占有的资料越多，对问题的分析就越详细。为此，应扩大资料来源：一要注意收集企业内部和外部的各种相关的二手资料；二要开展实地调查，收集一手资料。同时，还得对收集到的各种调查资料进行整理加工，使之形成有条理的、系统的、有用的信息资料。

3. 选择预测方法，建立预测模型

市场预测方法很多，每种预测方法对不同预测对象目标的有效性是不同的。在选择预测方法时应考虑三个方面的因素：一是应服从于预测目标；二是要考虑预测对象本身的特点；三是要考虑现有的条件和基础。选定预测方法之后，就可建立预测模型来反映和表述经济现象的过去和未来之间、原因与结果之间相互联系和发展变化的规律性。

4. 根据预测模型确定预测值，估计预测误差

根据所建立的预测模型就可以计算其预测值了。给定一个自变量的值估计出一个相对应的因变量的值，称为点估计或点值；在既定的概率保证下，估计出实际值可能落在预测值上下的区间范围，称为区间估计或区间值。

在市场预测中，不论预测者选择多么合适的预测模型，也不论在计算预测值时多么认真，在实际值与预测值之间都会出现一定的误差，出现误差是必然现象。因此，必须计算预测误差，并分析其原因，力求把误差控制在一定的范围之内。

5. 检验预测结果，修正预测值

由于市场现象和各种影响因素都会随时间、地点、条件的变化而变化，市场预测方法、预测模型及预测值不是一成不变的。市场预测者必须根据市场现实情况的变化，适当地对预测值加以修正，在必要时还必须更换预测模型，使之更加符合市场发展变化的实际。

二、定性预测方法

(一) 集合意见预测法

集合意见预测法，是指企业内部经营管理人员、业务人员凭借自己的经验判断，对市场未来的需求趋势提出个人的预测意见，再集合大家的意见做出市场预测的方法。

集合意见预测法的操作步骤如下。

（1）预测组织者根据企业经营管理的要求，向参加预测的有关人员提出预测项目的要求，并提供有关的背景材料。

（2）预测人员凭借个人的经验和分析判断能力，根据预测要求和有关背景资料，提出自己的预测方案。

(3) 预测组织者计算各个预测方案的期望值与综合期望值，并确定最后的预测值。

例 1：某零售企业为确定下一年化妆品的销售额，要求三位经理、三个主要职能部门经理以及化妆品部三位售货人员均做出年度销售预测。预测结果见表 4-26～表 4-28。

表 4-26　经理对化妆品销售的估计值表　　　　　　　　　　　　　　　单位：万元

经理	估计值						权数	期望值
	最高值	权数	中等值	权数	最低值	权数		
甲	5700	0.2	5400	0.5	5200	0.3	0.5	5400
乙	5900	0.1	5400	0.6	5100	0.3	0.3	5360
丙	5300	0.3	5100	0.4	4900	0.3	0.2	5100

表 4-27　部门经理对化妆品销售的估计值表　　　　　　　　　　　　　单位：万元

部门经理	估计值						权数	期望值
	最高值	权数	中等值	权数	最低值	权数		
业务科	5900	0.2	5400	0.6	4900	0.2	0.4	5400
财务科	5700	0.3	5300	0.5	3800	0.2	0.3	5120
计划科	6100	0.1	5700	0.5	4900	0.4	0.3	5420

表 4-28　售货人员对化妆品销售的估计值表　　　　　　　　　　　　　单位：万元

售货人员	估计值						权数	期望值
	最高值	权数	中等值	权数	最低值	权数		
甲	4900	0.3	3400	0.5	1900	0.2	0.2	3550
乙	4700	0.2	3900	0.6	2900	0.2	0.5	3860
丙	4400	0.2	4100	0.5	3300	0.3	0.3	3920

若以上三类人员的加权系数分别为：经理为 0.5，部门经理为 0.3，售货人员为 0.2，试根据以上预测资料，运用集合意见预测法进行下一年销售额的预测。

题解：

1. 计算各位预测人员的期望值=Σ（估计值×权数）

经理甲=5700×0.2+5400×0.5+5200×0.3=5400 万元

经理乙=5900×0.1+5400×0.6+5100×0.3=5360 万元

经理丙=5300×0.3+5100×0.4+4900×0.3=5100 万元

业务科=5900×0.2+5400×0.6+4900×0.2=5400 万元

同理，财务科=5120 万元；计划科=5420 万元；

售货员甲=3550 万元；乙=3860 万元；丙=3920 万元

2. 计算各组预测值的综合期望值=Σ（期望值×权数）

经理综合期望值=5400×0.5+5360×0.3+5100×0.2=5328 万元

部门综合期望值=5400×0.4+5120×0.3+5420×0.3=5156 万元

售货员综合期望值=3550×0.2+3860×0.5+3920×0.3=3816 万元

3. 计算综合期望值=Σ（各组综合期望值×加权系数）

综合期望值（预测值）=5328×0.5+5156×0.3+3816×0.2=4974 万元

（二）专家意见预测法

专家意见预测法，是指依靠专家的专业知识、经验以及分析判断能力进行预测的方法。它是一种应用范围比较广泛的预测方法。这种预测方法根据预测过程和征询、归纳专家意见的方式不同，可以分为三种形式，即专家个人判断法、专家会议法和德尔菲法。

1. 专家个人判断法

专家个人判断法是指企业决策人或有关业务主管人员根据自己对客观实际的分析及个人的经验、知识，对市场未来需求的变化及其前景进行预测的方法。

专家个人判断法是一种简单原始的预测方法。使用这种方法进行预测，对预测者具有比较苛刻的要求，它要求预测者对预测对象非常熟悉，具有丰富的知识和经验，具有充分的分析问题和综合判断的能力。只有这样，才能充分显示使用这种方法简单、快速的优越性，得出比较可靠的预测结果。

2. 专家会议法

专家会议法，也称头脑风暴法，是指由预测组织者邀请与预测对象有关的专家集中在一起开会，由专家针对预测对象进行讨论，对有关要预测的问题的现状及发展前景做出评价，在广泛听取专家分析判断的基础上，会议组织者综合专家们的预测意见做出最终预测结论的方法。

（1）专家会议法的组织形式

专家会议法的关键是要让各位专家能充分发表意见，要实现这个目标，通常可以采用直接头脑风暴法和质疑头脑风暴法两种形式。

① 直接头脑风暴法。指与会专家独立思考，充分发表意见，也可以对原来提出的意见再提出个性或补充意见，但不能对别人的意见提出怀疑和批评，通过共同讨论，取得预测结果的集体评估的方法。

② 质疑头脑风暴法。指同时召开由两组专家参加的两个会议进行集体讨论，其中一个专家组会议按直接头脑风暴法提出设想，另一个专家组会议则是对第一个专家组会议的各种设想进行质疑，通过质疑进行全面评估，直到没有问题质疑为止，使设想得以完善，预测结果更科学、误差更小。

（2）专家会议法的组织要求

① 专家会议组织者最好本身就是市场预测方面的专家，有较丰富的组织会议、提出问题和在辩论中引导的经验，熟悉专家会议的处理程序和方法。

② 组织者应善于应变，具有统筹全局的能力，具有良好的驾驭会议的能力，善于引导会议沿着正确的轨道进行，但又不是取代专家或误导专家的思路。

③ 会议要精心组织，精心准备。组织者要注意操作技巧，会议开始的发言应能激起专家的兴趣，促使专家积极回答会议提出的问题，并能开拓与会者的思路；会议讨论能让专家充分发表意见，要有专人对各个专家的意见进行记录和整理，同时要注意对专家的意见进行科学的归纳和总结，得出科学的结论。

3. 德尔菲法

德尔菲法是美国兰德公司在20世纪40年代中叶首先创立和使用的，50年代以后在西方发达国家广泛使用的一种预测方法。德尔菲法，也称专家小组法，是指以匿名的方式函询专家小组成员的预测意见，进行综合再反馈给各专家，经过多轮征询，使专家小组预测意见趋于集中一致，最后依据各专家的预测意见，做出符合市场未来发展趋势的预测结论的方法。

（1）德尔菲法的特点

① 匿名性。德尔菲法是由预测单位的负责人以匿名函询的方式征询专家的意见，专家之间不发生横向联系，他只是和预测单位的负责人保持单线联系。

② 反馈性。德尔菲法不是一次作业，而是采取多轮征询的方式，每一次征询之后，预测单位负责人都要对专家的预测结果进行汇总、整理，并补充相应的背景材料反馈给每一位专家，供他们下一轮答询时参考。通过信息的反馈，专家在背对背的情况下，也可以了解其他专家的意见及持不同意见者的理由。

③ 趋同性。德尔菲法对每一轮的专家意见都做出定量的统计分析，使专家能参考其他专家的意见并对自己的意见进行修正，最后使预测意见逐步趋于一致。

（2）德尔菲法预测程序

① 设计调查表和背景材料。调查表是各位专家回答问题的主要依据。背景材料是提供给专家的、同预测目标直接相关的国内外历史资料以及其他有关的社会经济情况资料。

② 选定专家。选定专家是德尔菲法能否取得成功的关键一步。所选专家应当对预测目标和预测问题有比较深入的了解和研究，具有专业知识和丰富经验，思想活跃，富有创造性和判断能力的人员。专家人数一般以10~30人为宜。

③ 反复征询专家意见。德尔菲法一般需要经过多轮征询。

第一轮：把调查表和准备好的背景材料邮寄给每一位专家，请他们就所预测的问题做出回答，并在规定的时间内寄回。

第二轮：预测组织者对第一轮专家征询所得的意见进行汇总、整理，并形成新的调查表，再邮寄给每一位专家，要求他们再次思考，填写调查表，并在规定时间内寄回。

第三轮：预测组织者将收到的第二轮专家的意见，再次进行汇总，形成新的调查表，并将汇总意见和进一步的要求反馈给每一位专家，要求他们再次思考，填写调查表，并在规定时间内寄回。

一般经过三轮的征询，预测专家的意见往往就会趋向一致。若三轮征询后专家的意见仍有较大分歧，则还必须用同样的方法继续反复多次进行征询预测，直到趋于一致为止。

④ 预测结果的统计处理。在征询结束后，预测组织者要把最后一轮的专家意见加以统计处理，得出代表专家意见的预测值和离散程度，然后对专家意见做出分析评价，确定最终的预测结果。在实践中，一般采用平均数作为预测结果；采用中位数表示专家们意见的集中程度；采用极差或标准差反映专家们意见的离散程度。

例2：某公司利用德尔菲法预测某工业品的需求量。选择7位专家，由市场营销经理主持并负责发收资料和汇总意见。经过4轮反复征询，各位专业意见已趋于统一，得到调查结果，见表4-29。

表 4-29 专家预测结果　　　　　　　　　　　　　　　　　　　　　　单位：万件

预测次数	专家 1	2	3	4	5	6	7	中位数	改变意见的人数	差距
1	110	70	66	70	110	66	64	70		46
2	90	70	82	70	82	68	64	70	7	26
3	90	76	82	70	82	68	76	76	2	22
4	90	76	82	70	82	68	76	76	0	22

试采用中位数法分别对各轮专家的意见进行综合，并预测该工业品的需求量。

题解：

1. 计算每次预测的中位数、改变意见的人数与差距，见表 4-29。
2. 从以上专家预测结果表可以看出，在第四次预测时，各专家不再修改自己的预测数字，说明他们已满意第三次的预测。此时，营销经理可将第四次的预测数字作为最后预测数字。以中位数为预测值，则预测值为 76 万件。

三、定量预测方法

（一）移动平均法

移动平均法，是指将观察期的统计数据，由远而近地按一定预测期逐一求取平均值，并将最后一个平均值确定为预测值的方法。它按一定预测期逐一计算平均值，随时间顺延而顺延，从而形成一个新的时间序列。新的时间序列在一定程度上消除了随机波动的影响，使历史数据得到一些修匀，比原时间序列更容易看出数据的变化规律。

常用的移动平均法包括简单移动平均法和加权移动平均法。

（1）简单移动平均法，是指对时间序列按一定的预测期，连续计算其简单算术平均数，取最后一个平均值作为预测值的方法。

简单移动平均数的计算公式为：

$$\bar{x} = \frac{\sum x_i}{n}$$

式中，$\bar{x}$ 为简单移动平均数；x_i 为各移动单位标志值；n 为移动单位数。

（2）加权移动平均法，是指对时间序列按距预测期的远近，给予不同的权数，在一定的预测期内连续计算其加权算术平均数，取最后一个加权平均值作为预测值的方法。

加权移动平均数的计算公式为：

$$\bar{x} = \frac{\sum x_i f_i}{\sum f_i}$$

式中，$\bar{x}$ 为加权移动平均数；x_i 为各加权移动单位标志值；f_i 为各加权移动单位的权数。

（二）指数平滑法

指数平滑法，是指用预测目标的上期实际值与上期预测值为资料，用平滑系数来确定二者的权数，计算其加权平均数（即平滑值），并根据平滑值来确定本期预测值的方法。

1. 指数平滑法计算公式

指数平滑法计算公式为：

$$y_t = \alpha x_{t-1} + (1-\alpha) y_{t-1}$$

式中，y_t 为本期预测值；y_{t-1} 为上期预测值；x_{t-1} 为上期实际值；α 为平滑系数，取值范围为 $0 \leq \alpha \leq 1$。

2. 指数平滑系数 α 的取值

α 值是一个经验数据，它的大小体现了不同时期数值在预测中所起的不同作用：α 取值大，表明近期数值的倾向性变动的影响大；α 取值小，表明近期数值的倾向性变动的影响小。一般的取值规律是，若重视近期数值的作用，则取大值，如 0.9、0.8、0.7 等；若重视平滑趋势，则取小值，如 0.1、0.2、0.3 等。

（三）趋势预测法

趋势预测法，是指根据预测目标的历史时间数据所提供的变动趋势对未来市场状况做出预测的方法。

1. 趋势预测法的类型

根据历史数据所提供的变动规律的不同，趋势预测可分为直线趋势预测法和曲线趋势预测法两种。

（1）直线趋势预测法。如果时间序列每期数据的增减量大致相等，其基本趋势可以用一条直线来表示，则可以用直线趋势预测法。直线趋势预测法是指运用直线方程，求得直线趋势变动线后，加以延伸来进行市场预测的方法。

（2）曲线趋势预测法。时间序列观察值的变动趋势，并非都是直线状态，有时也会呈现曲线。在这种情况下，就应运用曲线趋势预测法进行预测。曲线趋势预测法是指运用曲线方程，求得曲线趋势变动曲线后，加以延伸来进行市场预测的方法。

2. 直线趋势预测法应用

（1）直线趋势预测法的一般公式为：

$$y = a + bt$$

式中，y 为第 t 期预测值；a、b 为常数；t 为时间序列号。

（2）参数 a、b 值的确定

在直线趋势方程中，关键是要确定直线的参数 a、b 的值。参数 a、b 的值通常采用最小二乘法来确定。最小二乘法是指拟合一条直线，使各项的实际值到这条直线的纵向距离的平方和最小，即误差的平方和最小。其计算方法有两种，即一般计算与简化计算。

① 一般计算方法。一般计算方法的计算公式为：

$$a = \bar{y} - b\bar{t}$$

$$b = \frac{n\sum ty - \sum t \sum y}{n\sum t^2 - (\sum t)^2}$$

式中，$\bar{y}$ 为标志值 y 的算术平均数；$\bar{t}$ 为时间序列号的算术平均数；n 为单位数。

② 简化计算方法。

若将自变量 t 的值进行合理安排，使 $\sum t = 0$，此时，求 a、b 值的公式就可简化为：

$$a = \bar{y} = \frac{\sum y}{n}$$

$$b = \frac{\sum ty}{\sum t^2}$$

合理编排 t 的方法为：当 n 为奇数时，取中间的一项为 0，往前每一项减 1，往后每一项加 1，即 t 的值为……，-3，-2，-1，0，1，2，3，……；当 n 为偶数时，取中间两项为 -1，1，往前每一项减 2，往后每一项加 2，即 t 的值为……，-5，-3，-1，1，3，5，……。

(3) 直线趋势法预测

将计算出的 a、b 的值代入到直线趋势方程 $y=a+bt$ 中，则得出直线趋势预测模型。依据直线趋势预测模型即可进行预测。预测时先确定自变量 t 的值，然后代入所建立的直线趋势预测模型，就可计算出第 t 期的预测值。

（四）季节指数法

季节指数法，是指以市场季节变动周期为特征，计算反映在时间序列数据上的、具有明显的季节变动规律的季节指数，并利用季节指数进行预测的方法。

1. 季节指数法预测步骤

利用季节指数法进行预测时，时间序列的时间单位一般为季或月，变动循环周期为 4 季或 12 个月。该方法的预测步骤为：

(1) 利用统计方法计算出预测目标的季节指数，以测定季节变动的规律性。

(2) 在已知季节的平均值的条件下，利用季节指数预测未来某个季或月的预测值。

2. 季节指数的计算

季节指数是一种以相对数表示的季节变动衡量指标。它是以历年同季平均数与全时期（所有年份）季总平均数的比值来确定。其计算公式为：

$$季节指数 = \frac{历年同季的平均数}{所有年份各季的总平均数} \times 100\%$$

3. 季节指数法预测

利用季节指数进行预测主要适用于以下两种情况。

(1) 已知预测目标全年预测值，利用季节指数测算该年各季的预测值。其计算公式为：

$$某季预测值 = \frac{年预测值}{4} \times 该季季节指数$$

(2) 已知某季实际值，利用季节指数测算该年未来各季和全年预测值。其计算公式为：

$$其他季预测值 = \frac{已知季实际值}{该季季节指数} \times 其他季季节指数$$

（五）回归分析法

回归分析法，是指在分析自变量与因变量相互关系的基础上，建立变量之间的回归方程，并将回归方程作为预测模型，根据自变量在预测期的数量变化来预测因变量在预测期变化结果的预测方法。

1. 回归分析法的类型

根据自变量与因变量之间相互关系的表现形式，回归分析法可分为一元线性回归分析法与多元线性回归分析法。

（1）一元线性回归分析法。指从影响事物发展变化的诸因素中通过理论分析和统计分析，找出一个决定性因素或主要因素作为自变量，建立起一元线性回归方程，以一个已知自变量（影响因素）代入方程，推断出另一个因变量（预测对象）的一种预测方法。

（2）多元线性回归分析法。指在判断分析的基础上，对影响变量的各种因素进行分析，并从中选择多个主要的、不可忽视的因素作为自变量，从而进行回归分析的预测方法。多元线性回归方程的基本形式为：

$$y_t = a + b_1 x_1 + b_2 x_2 + \cdots + b_n x_n$$

式中，y_t 为第 t 期因变量值；$x_1, x_2, \cdots, x_n$ 为自变量；$a, b_1, b_2, \cdots, b_n$ 为回归方程参数。

2. 一元线性回归分析法的应用

（1）一元线性回归分析法的计算公式：

$$y_t = a + b x_t$$

式中，y_t 为第 t 期因变量值；x_t 为第 t 期自变量；a, b 为回归方程参数。

（2）回归方程参数 a, b 的确定

确定回归方程参数 a, b 的值，通常采用最小二乘法。其计算公式为：

$$a = \bar{y} - b\bar{x}$$

$$b = \frac{n\sum xy - \sum x \sum y}{n\sum x^2 - (\sum x)^2}$$

式中，$\bar{y}$ 为标志值 y 的算术平均数；$\bar{x}$ 为标志值 x 的算术平均数；n 为单位数。

（3）一元线性回归分析法预测

将计算出的 a, b 的值代入到回归方程 $y_t = a + b x_t$ 中，则得出一元线性回归预测模型。依据回归预测模型即可进行预测。预测时先确定自变量 x_t 的值，然后代入所建立的回归预测模型，就可计算出因变量的预测值。

岗位业务工具

1. 年度销售预测表模板（见表4-30）

表4-30　年度销售预测表

客户名称	销售形式		销 售 预 测		
	内销	外销	产品	去年销量	今年预计	销售额（元）

2. 未来三年销售预测表模板（见表 4-31）

表 4-31　未来三年销售预测表

年度	季度	市场总需求量	市场增长率	本企业产品占有率估计	预测销售	价格定位	销售总额
	1						
	2						
	3						
	4						
	1						
	2						
	3						
	4						
	1						
	2						
	3						
	4						
合计							

项目 5

撰写调查报告

职业岗位认识

1. 调查报告撰写岗位工作描述

调查报告，是指调查人员对所研究的问题进行调查后，经过综合分析与研究而形成的反映市场调查过程和调查结果，并提出一定建设性建议的一种分析报告。

调查报告是市场调查研究成果的集中体现，其撰写的好坏将直接影响到整个市场调查研究工作的成果质量。一份好的市场调查报告，能给企业的市场经营活动提供有效的导向作用，能为企业的决策提供客观依据。

通过市场调查报告撰写的实训，学生能熟悉市场调查报告的构成，掌握市场调查报告的写作技巧，并能依据市场调查资料分析与预测的结果撰写出结构规范、提出一定建设性建议的市场调查报告。

2. 调查报告撰写岗位工作程序

调查报告撰写的程序见图 5-1。

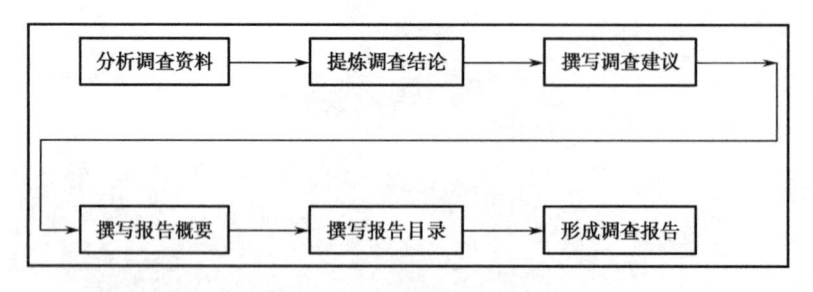

分析调查资料 → 提炼调查结论 → 撰写调查建议 → 撰写报告概要 → 撰写报告目录 → 形成调查报告

图 5-1　调查报告撰写程序

岗位技能实训

任务1　提炼调查结论

实训目的和要求

实训目的
1. 培养学生提炼调查结论的能力；
2. 培养学生组织分工与团队合作的能力；
3. 培养学生整理分析资料与写作的能力；
4. 培养学生计算机软件应用的能力；
5. 培养学生积极讨论与口头表达的能力。

实训要求
1. 能依据调查结果提炼出市场调查的调查结论；
2. 能清晰地表达出该次市场调查的调查结论；
3. 能陈述出提炼该市场调查结论的理由或原因；
4. 能撰写出该次市场调查结论提炼的实训报告；
5. 能依据实训报告制作出该次实训的PPT课件。

实训例讲

调查结论提炼的背景资料：

2007年1—10月，我们对汕头市中职学校连续两届近100名的电子商务专业学生进行了一次学生就业需求的调查。该次调查共发放了100份调查问卷，回收有效调查问卷93份，调查问卷有效回收率为93%。调查统计结果如下。

1. 你最希望毕业后从事怎样的工作岗位的调查汇总（见表5-1、表5-2）

表5-1　第一就业需求选择统计结果

就业岗位	计算机业务员	营销员	业务员	商务制单员	商务文员	电子商务操作员	网络维护员	计算机维修员	其他
人数	23	8	3	15	12	21	3	4	4
比例（%）	24.73	8.60	3.23	16.13	12.90	22.58	3.23	4.30	4.30

表5-2　第二就业需求选择统计结果

就业岗位	计算机业务员	营销员	业务员	营业员	商务制单员	商务文员	电子商务操作员	网络维护员	计算机维修员	其他	未选择
人数	6	13	3	4	7	9	3	4	1	7	36
比例（%）	6.45	13.98	3.23	4.30	7.53	9.68	3.23	4.30	1.08	7.53	38.71

2．你认为学校开设的课程能否满足你就业工作的需要的调查汇总（见表5-3）

表5-3　课程能否满足就业工作需要

满足状态	能	基本能	不能	不能确定
人数	2	24	58	9
比例(%)	2.15	25.81	62.37	9.67

3．你认为学校还需开设哪些方面的课程的调查汇总

该专业学生提出还需要开设的课程有：电子商务模拟实践操作、计算机组装与维修、网络维护与管理、网站设计、物流、单证管理、商务制单、专业英语等。

4．你对学校开设的专业在技能培养上还有什么要求的调查汇总

该专业有 38 位，占该专业人数 40.86%的学生认为学校在专业技能的培养上的其他要求：

（1）应增加专业实践课程的教学；

（2）最好是能安排顶岗实习；

（3）所使用的教材和教学软件应使用最新或更新的版本；

（4）教师应有实践经验，以增强对未来工作岗位的适应性。

（资料来源：汤建霞，罗绍明．关注学生诉求 创新职业教育[J]．中国职教，2008.6）

试根据中职学校电子商务专业学生就业需求的调查统计结果，提炼出该次调查的结论。

题解：

该次中职学校电子商务专业学生就业需求的调查统计分析与结论可以表述为：

1．你最希望毕业后从事怎样的工作岗位的调查汇总分析与结论

（1）选择"计算机业务员"和"电子商务操作员"工作岗位的学生最多，第一就业需求选择两者合计 44 人，占该专业人数的 47.31%。这表明选择电子商务专业的学生中，大多数人期望能找到一份与电子商务相关的工作岗位。然而，选择"计算机业务员、业务员、营销员、商务制单员、商务文员"等商务方向的学生，第一就业需求选择合计有 61 人，占该专业人数的 65.59%，第二就业需求选择的学生有 42 人，占有做出选择的人数（57人）的 73.68%，这充分表明中职学校电子商务专业的培养方向应该主要体现在商务方向，电子只能是实现商务的一种手段。

（2）选择"商务制单员、商务文员、网络维护员、计算机维修员"等工作岗位的学生，第一就业需求选择合计有 34 人，比例达到 36.56%，第二就业需求选择有 21 人，占有做出选择的学生人数的 36.84%，这些工作岗位，一方面也是与电子商务专业相关的工作岗位，

是电子商务专业毕业生的就业方向；另一方面也提示学校应拓宽电子商务专业的课程，包括：商务制单、商务应用文写作、网站维护与管理、计算机维修与维护等，以适应学生就业的需要。

2．你认为学校开设的课程能否满足你就业工作需要的调查汇总分析与结论

本次对电子商务专业93位学生的调查结果显示，选择"学校开设的课程能（包括基本能）满足其就业工作需要"的学生只有26人，占该专业人数的27.96%，而选择"学校开设的课程不能满足其就业工作需要"的学生却高达58人，占该专业人数的62.37%。

这表明学生对学校该专业课程体系设计的满意度不高。究其主要原因如下。

其一，电子商务专业是中职学校新开设的专业，大家对它的专业定位不太明确，学校把它定位在计算机与商务综合性专业范畴，且偏重于计算机专业范畴，这实际上就给电子商务专业课程的设置带来困难，从而造成学生在3年学习之后还不清楚自己的专业优势和就业优势。

其二，电子商务专业的很多课程的开设，必须有一个电子商务平台进行实际操作应用，然而很多中职学校至今没有建设相应的平台，造成很多电子商务的实训操作难以开展，学生在实操技能上的欠缺，也是他们选择不能满足其就业需要的重要原因之一。

其三，作为一个实践性很强的专业，学校应该组织学生参加国家劳动保障部统一组织的电子商务员技能证书的考核，这样既可以强化学生的技能操作，又为他们在该专业领域的就业铺平道路。

其四，电子商务专业方向的教材，尤其是实训方面的教材远远跟不上专业教学的需求。大部分电子商务专业的教材侧重于理论知识，其中所包含的小部分实践操作内容，其教学性和可操作性都相当不够。

实训练习

一、实训背景

真维斯服饰有限公司在国内20多个省市开设了1000多家专卖店，拥有现时中国最大的休闲服饰零售网络。真维斯公司十分关注市场变化，为不断提高服务质量，提高产品市场占有率，该公司委托中国纺织大学对武汉口岸休闲服装市场及真维斯公司武汉各店铺服务质量进行调查。调查结果汇总如下。

1．调查样本统计结果汇总（见表5-4～表5-6）

表5-4　调查样本性别统计表

性　别	男	女	合　计
人数（人）	262	238	500
比例（%）	52.4	47.6	100

表 5-5 调查样本年龄统计表

年龄段（岁）	20 以下	20～29	30～39	40～50	50 以上	合计
人数（人）	60	134	132	98	76	500
比例（%）	12.0	26.8	26.4	19.6	15.2	100

表 5-6 调查样本收入统计表

年收入（元）	无收入	8000 以下	8000～14999	15000～24999	25000～35000	35000 以上	合计
人数（人）	48	102	162	143	39	6	500
比例（%）	9.6	20.4	32.4	28.6	7.8	1.2	100

2. 购买因素统计结果汇总（见表 5-7～表 5-8）

表 5-7 影响购买因素统计表

影响因素	价格	款式	做工	面料	服务质量	品牌
人数（人）	463	284	251	243	133	126
比例（%）	92.6	56.8	50.2	48.6	26.6	25.2

表 5-8 购买价格统计表

价格（元）	牛仔裤 人数（人）	牛仔裤 比例（%）	休闲西裤 人数（人）	休闲西裤 比例（%）	T恤 人数（人）	T恤 比例（%）	衬衫 人数（人）	衬衫 比例（%）	外套 人数（人）	外套 比例（%）
50 以下	34	6.8	30	6.0	28	5.6	21	4.2	16	3.2
50～99	164	32.8	158	31.6	121	24.2	97	19.4	92	18.4
100～149	162	32.4	148	29.6	152	30.4	182	36.4	176	35.2
150～199	76	15.2	93	18.6	127	25.4	121	24.2	147	29.4
200～300	43	8.6	46	9.2	61	12.2	53	10.6	38	7.6
300 以上	21	4.2	25	5.0	11	2.2	26	5.2	31	6.2
合计	500	100	500	100	500	100	500	100	500	100

3. 品牌意识统计结果汇总（见表 5-9～表 5-11）

表 5-9 品牌购买率统计表

品牌	班尼路	真维斯	佑威	苹果	佐丹奴	其他	合计
人数（人）	66	97	86	91	77	83	500
比例（%）	13.2	19.4	17.2	18.2	15.4	16.6	100

表 5-10 品牌倾向性统计表

价格（元）	牛仔裤		休闲西裤		T恤		衬衫		外套	
	人数（人）	比例（%）	人数（人）	比例（%）	人数（人）	比例（%）	人数（人）	比例（%）	人数（人）	比例（%）
佐丹奴	134	26.8	194	38.8	162	32.4	147	29.4	148	29.6
真维斯	205	41.0	149	29.8	171	34.2	156	31.2	183	36.6
佑威	161	32.2	157	31.4	167	33.4	197	39.4	169	33.8
合计	500	100	500	100	500	100	500	100	500	100

表 5-11 获取商品信息渠道统计表

渠道	电视	广播	报纸	杂志	招牌	亲戚朋友
人数（人）	391	129	283	116	194	387
比例（%）	78.2	25.8	56.6	23.2	38.8	77.4

（资料来源：叶叔昌，邱红彬. 营销调研实训教程[M]. 武汉：华中科技大学出版社，2006）

试根据真维斯公司对武汉口岸休闲服装市场及真维斯公司武汉各店铺服务质量调查的统计结果，提炼出该次调查的结论。

二、实训组织

1．组建实训小组：将教学班学生按每小组 6~8 人的标准划分成若干课题小组，每个小组指定或推选出一名组长。

2．确定实训课题：每个小组根据提炼调查结论的背景资料，提炼出本次调查的结论，并完成提炼调查结论实训报告以及制作实训报告 PPT 课件。

3．实施实训操作：各小组组长根据提炼调查结论实训的要求，调配资源，明确各组员的任务，并督促大家有效地完成任务，包括：调查结论的草拟、修改和定稿，提炼调查结论实训报告的撰写、打印，以及实训报告 PPT 课件的制作等。

4．撰写实训报告：每个小组完成一份提炼调查结论实训的实训报告，并制作成 PPT 课件，实训报告与 PPT 课件通过电子邮件或校园网提交给指导教师。

5．陈述实训心得：由各个小组推荐的发言人或小组组长代表本小组，借助实训 PPT 课件陈述本小组的实训报告和实训心得。

6．评价实训效果：各个小组代表陈述后，指导教师点评该次提炼调查结论实训的情况，并由全班学生无记名投票，评选出该次实训的获奖小组，并给予表扬与奖励。

三、实训报告

提炼调查结论实训报告的格式见图 5-2。

```
提炼调查结论实训报告
              第   1   次实训
班级_____  学号_____  姓名_____  实训评分_____
实训时间_____  实训名称_____提炼调查结论_____
一、实训目的

二、实训背景

三、实训要求

四、调查结论

五、实训心得体会

六、实训评价（指导教师填写）
```

图 5-2　提炼调查结论

四、实训考核

实训成绩依据学生上课出勤、课堂讨论发言、实训报告的写作和实训报告 PPT 课件制作水平等进行评定。首先由各小组组长对组内各成员进行成绩评定，成绩分为优秀、良好、中等、及格、不及格五档；然后由指导教师对小组提交的实训报告及实训报告 PPT 进行评分；最后按照以下公式进行加权计算，计算出每个学生的最终成绩。

个人最终成绩=小组组长评定成绩×20%+指导教师评定成绩×80%

其中，小组组长评定组内成员成绩表、指导教师评定实训报告及实训报告 PPT 成绩表分别见表 5-12 与表 5-13。

表 5-12　小组组长评定组内成员成绩表

小组成员姓名	小组成员成绩				
	优秀 （90分以上）	良好 （80～90分）	中等 （70～79分）	及格 （60～69分）	不及格 （60分以下）

表 5-13　指导教师评定实训报告及实训报告 PPT 成绩表

评价内容	分值（分）	评分（分）
调查结论的正确性	15	
调查结论的完整性	15	

续表

评 价 内 容	分值（分）	评分（分）
实训报告的完整性与科学性	30	
实训报告 PPT 设计的质量	20	
实训报告表达效果	20	
总体评分	100	

任务 2　撰写调查建议

实训目的和要求

实训目的

1. 培养学生撰写调查建议的能力；
2. 培养学生组织分工与团队合作的能力；
3. 培养学生整理分析资料与写作的能力；
4. 培养学生计算机软件应用的能力；
5. 培养学生积极讨论与口头表达的能力。

实训要求

1. 能依据调查结论撰写出市场调查的调查建议；
2. 能清晰地表达出该次市场调查的调查建议；
3. 能陈述出撰写该市场调查建议的理由或原因；
4. 能撰写出该次市场调查建议撰写的实训报告；
5. 能依据实训报告制作出该次实训的 PPT 课件。

实训例讲

调查建议撰写的背景资料：

2007 年 1—10 月，我们对汕头市中职学校连续两届近 100 名的电子商务专业学生进行了一次学生就业需求的调查。该次调查共发放了 100 份调查问卷，回收有效调查问卷 93 份，调查问卷有效回收率为 93%。得到的调查结论如下。

1．你最希望毕业后从事怎样的工作岗位的调查汇总分析与结论

（1）选择"计算机业务员"和"电子商务操作员"工作岗位的学生最多，第一就业需求选择两者合计 44 人，占该专业人数的 47.31%。这表明选择电子商务专业的学生中，大多数人期望能找到一份与电子商务相关的工作岗位。然而，选择"计算机业务员、业务员、营销员、商务制单员、商务文员"等商务方向的学生，第一就业需求选择合计有 61 人，占该专业人数的 65.59%，第二就业需求选择的学生有 42 人，占有做出选择的人数（57 人）的 73.68%，这充分表明中职学校电子商务专业的培养方向应该主要体现在商务方向，电子只能是实现商务的一种手段。

(2)选择"商务制单员、商务文员、网络维护员、计算机维修员"等工作岗位的学生，第一就业需求选择合计有 34 人，比例达到 36.56%，第二就业需求选择有 21 人，占有做出选择的学生人数的 36.84%，这些工作岗位，一方面也是与电子商务专业相关的工作岗位，是电子商务专业毕业生的就业方向；另一方面也提示学校应拓宽电子商务专业的课程，包括商务制单、商务应用文写作、网站维护与管理、计算机维修与维护等，以适应学生就业的需要。

2.你认为学校开设的课程能否满足你就业工作的需要的调查汇总分析与结论

本次对电子商务专业 93 位学生的调查结果显示，选择"学校开设的课程能（包括基本能）满足其就业工作需要"的学生只有 26 人，占该专业人数的 27.96%，而选择"学校开设的课程不能满足其就业工作需要"的学生却高达 58 人，占该专业人数的 62.37%。

这表明学生对学校该专业课程体系设计的满意度不高。究其主要原因如下。

其一，电子商务专业是中职学校新开设的专业，大家对它的专业定位不太明确，学校把它定位在计算机与商务综合性专业范畴，且偏重于计算机专业范畴，这实际上就给电子商务专业课程的设置带来困难，从而造成学生在 3 年学习之后还不清楚自己的专业优势和就业优势。

其二，电子商务专业的很多课程的开设，必须有一个电子商务平台进行实际操作应用，然而很多中职学校至今没有建设相应的平台，造成很多电子商务的实训操作难以开展，学生在实操技能上的欠缺，也是他们选择不能满足其就业需要的重要原因之一。

其三，作为一个实践性很强的专业，学校应该组织学生参加国家劳动保障部统一组织的电子商务员技能证书的考核，这样既可以强化学生的技能操作，又为他们在该专业领域的就业铺平道路。

其四，电子商务专业方向的教材，尤其是实训方面的教材远远跟不上专业教学的需求。大部分电子商务专业的教材侧重于理论知识，其中所包含的小部分实践操作内容，其可教学性和可操作性都相当不够。

（资料来源：汤建霞，罗绍明. 关注学生诉求 创新职业教育[J]. 中国职教，2008.6）

试根据中职学校电子商务专业学生就业需求调查分析的结论，提出相应调查建议。

题解：

该次中职学校电子商务专业学生就业需求调查建议可以表述为：

1. 专业培养方向的规划应适应学生就业需求

依据对中职学校电子商务专业学生就业需求调查统计结果，中职学校电子商务专业的学生期望就业的岗位有近 7 成属于商务方向的，也有 3 成左右的学生希望从事与商务网站建设与管理相关的工作岗位。因此，我们建议学校电子商务专业的培养方向在招生时应一分为二，分设电子商务专业（商务管理方向）和电子商务专业（商务网站建设与管理方向）。电子商务专业分设培养方向，不仅可以满足两个方向学生的需求，也有利于学校专业课程的开设，突出专业技能的培养。另外，这也使得电子商务专业的就业岗位明确具体，有利于学生就业岗位的选择，提高他们对未来工作岗位的适应性。

2. 专业课程的设计应适应学生就业需求

从调查问卷的分析中可以看出该专业的学生对自己的期望值是很高的，对自己的要求也是很严格的，学生的学习热情相应高涨。学校现行的专业课程设计还不能完全满足他们的需求，因此，学校必须尽快抓紧时间，根据学生的需求对专业课程设计进行调整。

（1）调整专业课程体系，突出专业培养目标。

专业课程体系的设计，必须依托该专业的培养目标。而一个专业的培养目标又必须依托社会需求（或市场需求）。对于电子商务专业（商务管理方向）的课程设计，应突出商务方面的专业课程，重点专业课程应包括网络营销、商务制单、商务应用文写作、商务谈判、电子商务模拟操作等；电子商务专业（商务网站建设与管理方向）的课程设计，突出的是商务网站的建设与管理，重点专业课程包括商务网站建设、商务网站维护与管理、商务网站网页设计、商务网站软件技术等。

（2）改进专业课教材的选择，突出实践技能培养。

调查问卷的分析表明，学校在专业技能的培养上应突出专业实践课程的教学、所使用的教材和教学软件应是最新或更新的版本。因此，我们应改进专业课程教材的选择，更多地选择能突出实践技能培养的、最新或更新版本的教材。

3. 专业课程教学的组织应适应学生就业需求

《国务院关于大力发展职业教育的决定》明确指出：职业教育就是要加强学生的实践能力和职业技能的培养。以职业技能的培养为主体教学方式，实际上就是现在流行的任务引领式教学模式。任务引领式教学，是指根据专业未来岗位的需要，设置专业的课程，以提高专业技能为主，实现学校学习与工作岗位的直接衔接。任务引领式教学，关键在于教师的技能素质以及突出实训技能的教材。

（1）加强教师实践技能的培养，增加教师实践操作经验。

现行的专业课程教学，多数教师都是按照教材编排的内容体系进行逐点复述。这样的专业课程教学方式，哪怕存在教学上的互动性，最终也难能达到技能培养的目标。这实际上也就是为什么学生在学习了这么多课程之后，仍然感觉到所掌握的技能不足以适应就业需要的原因。教师应改变原有专业课程教学组织方式，选择站在学生的角度组织专业课程教学的任务引领式教学模式。

该种教学模式的开展要求教师应当首先对所教学内容按照该课程技能培养的要点步骤进行综合分析，在组织专业课程教学时采取指导性、互动性的方法进行讲解，重点在于操作技能的讲解与训练。它的实现依赖于教师本身的业务技能素质，如讲授"网络营销"课程，教师不仅要懂得网络营销的理论知识，更要知道怎样在网络上实现营销的操作。

教师业务技能素质的培养，可以有多种途径。首先，需要教师自己加强专业知识的学习，加强专业技能的训练，通过自身的努力提高业务技能素质；其次，学校应加强教师的专业技能的培训，如学校出面联系一些企事业单位，安排教师到他们的工作第一线进行实践学习，增加其实践工作经验；再次，学校应重视双师型教师队伍的建设，同时从物质、社会心理等方面激励教师争当双师型教师。

（2）加强校本教程的建设，突出校本教程的实训操作性。

现行的中职学校电子商务专业的教材，与实训操作教学的要求有很大的差距。因此，一方面，建议国家加大实训教材的编写支持力度，力争中职学校的实训方面的教材能早日完善，做到既能反映企业实践操作的流程需求，又能方便教师的教学与学生的实训训练；另一方面，中职学校也应重视实训方面的校本教程建设，开发出能适应本校实训操作需求的应用型、可操作性的实训校本教程。

实训练习

一、实训背景

真维斯服饰有限公司在国内 20 多个省市开设了 1000 多家专卖店，拥有现时中国最大的休闲服饰零售网络。真维斯公司十分关注市场变化，为不断提高服务质量，提高产品市场占有率，该公司委托中国纺织大学对武汉口岸休闲服装市场及真维斯公司武汉各店铺服务质量进行调查。得到的调查结论如下。

（1）本次调查的样本在各种结构上较为合理，具有较好的代表性，调查结果比较可靠，有较强的说服力。

（2）价格是影响消费者购买的最重要的因素，而款式、做工和面料也很关键，消费者购物呈理性化，每一个购买因素都不能忽视。

（3）在休闲服装的价格（或档次）方面，消费者需求呈多样性，而以购买 50～200 元休闲服装的消费者居多。

（4）在相同情况下，消费者比较倾向于真维斯品牌。

（5）与佐丹奴和佑威对比，真维斯在牛仔裤、T 恤和外套三种产品上存在一定优势，但各种产品的差距不是太大。

（6）消费者认识品牌的途径主要是电视广告，但亲戚朋友的推荐介绍更值得依赖。

（资料来源：叶叔昌，邱红彬. 营销调研实训教程[M]. 武汉：华中科技大学出版社，2006）

试根据本次真维斯公司对武汉口岸休闲服装市场及真维斯公司武汉各店铺服务质量调查的结论，提出相应调查建议。

二、实训组织

1. 组建实训小组：将教学班学生按每小组 6～8 人的标准划分成若干课题小组，每个小组指定或推选出一名组长。

2. 确定实训课题：每个小组根据撰写调查建议的背景资料，撰写出本次调查的调查建议，并完成撰写调查建议实训报告以及制作实训报告 PPT 课件。

3. 实施实训操作：各小组组长根据撰写调查建议实训的要求，调配资源，明确各组员的任务，并督促大家有效地完成任务，包括：调查建议的草拟、修改和定稿，撰写调查建议实训报告的撰写、打印，以及实训报告 PPT 课件的制作等。

4. 撰写实训报告：每个小组完成一份撰写调查建议实训的实训报告，并制作成 PPT 课件，实训报告与 PPT 课件通过电子邮件或校园网提交给指导教师。

5. 陈述实训心得：由各个小组推荐的发言人或小组组长代表本小组，借助实训 PPT 课件陈述本小组的实训报告和实训心得。

6. 评价实训效果：各个小组代表陈述后，指导教师点评该次撰写调查建议实训的情况，并由全班学生无记名投票，评选出该次实训的获奖小组，并给予表扬与奖励。

三、实训报告

撰写调查建议实训报告的格式见图 5-3。

```
              撰写调查建议实训报告
                    第   2   次实训
    班级_____  学号_____  姓名_____  实训评分_____
    实训时间_____  实训名称_____撰写调查建议_____
    一、实训目的

    二、实训背景

    三、实训要求

    四、调查建议

    五、实训心得体会

    六、实训评价（指导教师填写）
```

图 5-3　撰写调查建议实训报告

四、实训考核

实训成绩依据学生上课出勤、课堂讨论发言、实训报告的写作和实训报告 PPT 课件制作水平等进行评定。首先由各小组组长对组内各成员进行成绩评定，成绩分为优秀、良好、中等、及格、不及格五档；然后由指导教师对小组提交的实训报告及实训报告 PPT 进行评分；最后按照以下公式进行加权计算，计算出每个学生的最终成绩。

个人最终成绩=小组组长评定成绩×20%+指导教师评定成绩×80%

其中，小组组长评定组内成员成绩表、指导教师评定实训报告及实训报告 PPT 成绩表分别见表 5-14 与表 5-15。

表 5-14　小组组长评定组内成员成绩表

小组成员姓名	小组成员成绩					
	优秀 （90 分以上）	良好 （80～90 分）	中等 （70～79 分）	及格 （60～69 分）	不及格 （60 分以下）

表 5-15　指导教师评定实训报告及实训报告 PPT 成绩表

评价内容	分值（分）	评分（分）
调查建议的合理性	15	
调查建议的可行性	15	
实训报告的完整性与科学性	30	
实训报告 PPT 设计的质量	20	
实训报告表达效果	20	
总体评分	100	

任务 3　形成调查报告

实训目的和要求

实训目的

1. 培养学生形成调查报告的能力；
2. 培养学生组织分工与团队合作的能力；
3. 培养学生整理分析资料与写作的能力；
4. 培养学生计算机软件应用的能力；
5. 培养学生积极讨论与口头表达的能力。

实训要求

1. 能依据调查结果与建议形成市场调查报告；
2. 能清晰地表达出该市场调查报告的内容；
3. 能陈述出该市场调查报告的层次和构成；
4. 能撰写出该次市场调查报告形成的实训报告；
5. 能依据实训报告制作出该次实训的 PPT 课件。

实训例讲

调查报告形成的背景资料同任务 2 "实训例讲"中的背景资料。试根据中职学校电子商务专业学生就业需求的调查统计结果，提炼出本次调查的结论，并提出相应的调查建议，之后形成市场调查报告。

题解：

经过以上提炼调查结论与撰写调查建议的实训，我们已提炼出了本次市场调查的调查结论，并提出了相应的调查建议。接下来，我们只需要将这两个分项实训的内容进行综合汇总，即可形成一份完整的市场调查报告。

关注学生诉求　创新职业教育
——电子商务专业课程体系改革的调查报告

2007年1—10月,我们对汕头市中职学校连续两届近100名的电子商务专业学生进行了一次学生就业需求的调查。该次调查共发放了100份调查问卷,回收有效调查问卷93份,调查问卷有效回收率为93%。

一、中职学校电子商务专业学生就业需求的调查统计结果

1. 你最希望毕业后从事怎样的工作岗位的调查汇总(见表5-16、表5-17)

表5-16　第一就业需求选择统计结果

就业岗位	计算机业务员	营销员	业务员	商务制单员	商务文员	电子商务操作员	网络维护员	计算机维修员	其他
人数	23	8	3	15	12	21	3	4	4
比例(%)	24.73	8.60	3.23	16.13	12.90	22.58	3.23	4.30	4.30

表5-17　第二就业需求选择统计结果

就业岗位	计算机业务员	营销员	业务员	营业员	商务制单员	商务文员	电子商务操作员	网络维护员	计算机维修员	其他	未选择
人数	6	13	3	4	7	9	3	4	1	7	36
比例(%)	6.45	13.98	3.23	4.30	7.53	9.68	3.23	4.30	1.08	7.53	38.71

2. 你认为学校开设的课程能否满足你就业工作的需要的调查汇总(见表5-18)

表5-18　课程能否满足就业工作需要

满足状态	能	基本能	不能	不能确定
人数	2	24	58	9
比例(%)	2.15	25.81	62.37	9.67

3. 你认为学校还需开设哪些方面的课程的调查汇总

该专业学生提出还需要开设的课程有:电子商务模拟实践操作、计算机组装与维修、网络维护与管理、网站设计、物流、单证管理、商务制单、专业英语等。

4. 你对学校开设的专业在技能培养上还有什么要求的调查汇总

该专业有38位,占该专业人数40.86%的学生认为学校在专业技能的培养上的其他要求如下。

(1)应增加专业实践课程的教学;
(2)最好是能安排顶岗实习;
(3)所使用的教材和教学软件应使用最新或更新的版本;
(4)教师应有实践经验,以增强对未来工作岗位的适应性。

二、中职学校电子商务专业学生就业需求的调查统计分析与结论

1. 你最希望毕业后从事怎样的工作岗位的调查汇总分析与结论

(1)选择"计算机业务员"和"电子商务操作员"工作岗位的学生最多,第一就业需

求选择两者合计 44 人，占该专业人数的 47.31%。这表明选择电子商务专业的学生中，大多数人期望能找到一份与电子商务相关的工作岗位。然而，选择"计算机业务员、业务员、营销员、商务制单员、商务文员"等商务方向的学生，第一就业需求选择合计有 61 人，占该专业人数的 65.59%，第二就业需求选择的学生有 42 人，占有做出选择的人数（57 人）的 73.68%，这充分表明中职学校电子商务专业的培养方向应该主要体现在商务方向，电子只能是实现商务的一种手段。

（2）选择"商务制单员、商务文员、网络维护员、计算机维修员"等工作岗位的学生，第一就业需求选择合计有 34 人，比例达到 36.56%，第二就业需求选择有 21 人，占有做出选择的学生人数的 36.84%，这些工作岗位，一方面也是与电子商务专业相关的工作岗位，是电子商务专业毕业生的就业方向；另一方面也提示学校应拓宽电子商务专业的课程，包括商务制单、商务应用文写作、网站维护与管理、计算机维修与维护等，以适应学生就业的需要。

2. 你认为学校开设的课程能否满足你就业工作的需要的调查汇总分析与结论

本次对电子商务专业 93 位学生的调查结果显示，选择"学校开设的课程能（包括基本能）满足其就业工作需要"的学生只有 26 人，占该专业人数的 27.96%，而选择"学校开设的课程不能满足其就业工作需要"的学生却高达 58 人，占该专业人数的 62.37%。

这表明学生对学校该专业课程体系设计的满意度不高。究其原因，主要如下。

其一，电子商务专业是中职学校新开设的专业，大家对它的专业定位不太明确，学校把它定位在计算机与商务综合性专业范畴，且偏重于计算机专业范畴，这实际上就给电子商务专业课程的设置带来困难，从而造成学生在 3 年学习之后还不清楚自己的专业优势和就业优势。

三、中职学校电子商务专业学生就业需求调查的建议

1. 专业培养方向的规划应适应学生就业需求

依据对中职学校电子商务专业学生就业需求调查统计结果，中职学校电子商务专业的学生期望就业的岗位有近 7 成属于电子商务方向的，也有 3 成左右的学生希望从事与电子商务网站建设与管理相关的工作岗位。因此，我们建议学校电子商务专业的培养方向在招生时应一分为二，分设电子商务专业（商务管理方向）和电子商务专业（商务网站建设与管理方向）。电子商务专业分设培养方向，不仅可以满足两个方向学生的需求，也有利于学校专业课程的开设，突出专业技能的培养。另外，这也使得电子商务专业的就业岗位明确具体，有利于学生就业岗位的选择，提高他们对未来工作岗位的适应性。

2. 专业课程的设计应适应学生就业需求

从调查问卷的分析中可以看出该专业的学生对自己的期望值是很高的，对自己的要求也是很严格的，学生的学习热情相应高涨。学校现行的专业课程设计还不能完全满足他们的需求，因此，学校必须尽快抓紧时间，根据学生的需求对专业课程设计进行调整。

（1）调整专业课程体系，突出专业培养目标。

专业课程体系的设计，必须依托该专业的培养目标。而一个专业的培养目标又必须依托社会需求（或市场需求）。对于电子商务专业（商务管理方向）的课程设计，应突出商务方面的专业课程，重点专业课程应包括网络营销、商务制单、商务应用文写作、商务谈判、电子商务模拟操作等；电子商务专业（商务网站建设与管理方向）的课程设计，突出的是

商务网站的建设与管理，重点专业课程包括商务网站建设、商务网站维护与管理、商务网站网页设计、商务网站软件技术等。

（2）改进专业课教材的选择，突出实践技能培养。

调查问卷的分析表明，学校在专业技能的培养上应突出专业实践课程的教学、所使用的教材和教学软件应是最新或更新的版本。因此，我们应改进专业课程教材的选择，更多地选择能突出实践技能培养的、最新或更新版本的教材。

3. 专业课程教学的组织应适应学生就业需求

《国务院关于大力发展职业教育的决定》明确指出：职业教育就是要加强学生的实践能力和职业技能的培养。以职业技能的培养为主体教学方式，实际上就是现在流行的任务引领式教学模式。任务引领式教学，是指根据专业未来岗位的需要，设置专业的课程，以提高专业技能为主，实现学校学习与工作岗位的直接衔接。任务引领式教学，关键在于教师的技能素质以及突出实训技能的教材。

（1）加强教师实践技能的培养，增加教师实践操作经验。

现行的专业课程教学，多数教师都是按照教材编排的内容体系进行逐点复述。这样的专业课程教学方式，哪怕具有教学上的互动性，最终也难similar达到技能培养的目标。这实际上也就是为什么学生在学习了这么多课程之后，仍然感觉到所掌握的技能不足以适应就业需要的原因。教师应改变原有专业课程教学组织方式，选择站在学生的角度组织专业课程教学的任务引领式教学模式。

该种教学模式的开展要求教师应当首先对所教学内容按照该课程技能培养的要点步骤进行综合分析，在组织专业课程教学时采取指导性、互动性的方法进行讲解，重点在于操作技能的讲解与训练。它的实现依赖于教师本身的业务技能素质，如讲授"网络营销"课程，教师不仅要懂得网络营销的理论知识，更要知道怎样在网络上实现营销的操作。

教师业务技能素质的培养，可以有多种途径。首先，需要教师自己加强专业知识的学习，加强专业技能的训练，通过自身的努力提高业务技能素质；其次，学校应加强教师的专业技能的培训，如学校出面联系一些企事业单位，安排教师到他们的工作第一线进行实践学习，增加其实践工作经验；再次，学校应重视双师型教师队伍的建设，同时从物质、社会心理等方面激励教师争当双师型教师。

（2）加强校本教程的建设，突出校本教程的实训操作性。

现行的中职学校电子商务专业的教材，与实训操作教学的要求有很大的差距。因此，一方面，建议国家加大实训教材的编写支持力度，力争中职学校的实训方面的教材能早日完善，做到既能反映企业实践操作的流程需求，又能方便教师的教学与学生的实训训练；另一方面，中职学校也应重视实训方面的校本教程建设，开发出能适应本校实训操作需求的应用型、可操作性的实训校本教程。

实训练习

一、实训背景

真维斯服饰有限公司在国内20多个省市开设了1000多家专卖店，拥有现时中国最大的休闲服饰零售网络。真维斯公司十分关注市场变化，为不断提高服务质量，提高产品市场占有率，该公司委托中国纺织大学对武汉口岸休闲服装市场及真维斯公司武汉各店铺服务质量进行调查。

1. 调查范围

本次调查的范围主要是武汉市的广大消费者和进入真维斯店铺的顾客，以及真维斯武汉口岸各店铺。

2. 调查内容

本次调查共有三项内容：一是街头调查，即对武汉市广大消费者进行调查；二是店堂调查，即对进入真维斯店铺的顾客进行调查；三是神秘人暗访调查，即对真维斯武汉口岸各店铺服务水平进行调查。

3. 调查方法与方式

街头调查选在武汉市的繁华地段和公园进行，店堂调查在真维斯武汉口岸指定的店铺内进行。这两种调查均采用拦截访问法，随意确定被调查者，适当注意其年龄，尽可能使样本具有较好的代表性。两种调查的样本数量均在500人以上。神秘人暗访调查采用全面调查方式，对真维斯武汉口岸全部17家店铺进行现场观察调查。

4. 调查结果汇总

（1）调查样本统计结果汇总见表5-19～表5-21。

表5-19 调查样本性别统计表

性 别	男	女	合 计
人数（人）	262	238	500
比例（%）	52.4	47.6	100

表5-20 调查样本年龄统计表

年龄段（岁）	20以下	20～29	30～39	40～50	50以上	合 计
人数（人）	60	134	132	98	76	500
比例（%）	12.0	26.8	26.4	19.6	15.2	100

表5-21 调查样本收入统计表

年收入（元）	无收入	8000以下	8000～14999	15000～24999	25000～35000	35000以上	合计
人数（人）	48	102	162	143	39	6	500
比例（%）	9.6	20.4	32.4	28.6	7.8	1.2	100

（2）购买因素统计结果汇总见表5-22与表5-23。

表5-22 影响购买因素统计表

影响因素	价 格	款 式	做 工	面 料	服务质量	品 牌
人数（人）	463	284	251	243	133	126
比例（%）	92.6	56.8	50.2	48.6	26.6	25.2

表 5-23　购买价格统计表

价格（元）	牛仔裤 人数（人）	牛仔裤 比例（%）	休闲西裤 人数（人）	休闲西裤 比例（%）	T恤 人数（人）	T恤 比例（%）	衬衫 人数（人）	衬衫 比例（%）	外套 人数（人）	外套 比例（%）
50 以下	34	6.8	30	6.0	28	5.6	21	4.2	16	3.2
50～99	164	32.8	158	31.6	121	24.2	97	19.4	92	18.4
100～149	162	32.4	148	29.6	152	30.4	182	36.4	176	35.2
150～199	76	15.2	93	18.6	127	25.4	121	24.2	147	29.4
200～300	43	8.6	46	9.2	61	12.2	53	10.6	38	7.6
300 以上	21	4.2	25	5.0	11	2.2	26	5.2	31	6.2
合计	500	100	500	100	500	100	500	100	500	100

（3）品牌意识统计结果汇总见表 5-24～表 5-26。

表 5-24　品牌购买率统计表

品　牌	班尼路	真维斯	佑威	苹果	佐丹奴	其　他	合　计
人数（人）	66	97	86	91	77	83	500
比例（%）	13.2	19.4	17.2	18.2	15.4	16.6	100

表 5-25　品牌倾向性统计表

价格（元）	牛仔裤 人数（人）	牛仔裤 比例（%）	休闲西裤 人数（人）	休闲西裤 比例（%）	T恤 人数（人）	T恤 比例（%）	衬衫 人数（人）	衬衫 比例（%）	外套 人数（人）	外套 比例（%）
佐丹奴	134	26.8	194	38.8	162	32.4	147	29.4	148	29.6
真维斯	205	41.0	149	29.8	171	34.2	156	31.2	183	36.6
佑威	161	32.2	157	31.4	167	33.4	197	39.4	169	33.8
合计	500	100	500	100	500	100	500	100	500	100

表 5-26　获取商品信息渠道统计表

渠　道	电　视	广　播	报　纸	杂　志	招　牌	亲戚朋友
人数（人）	391	129	283	116	194	387
比例（%）	78.2	25.8	56.6	23.2	38.8	77.4

（资料来源：叶叔昌，邱红彬. 营销调研实训教程[M]. 武汉：华中科技大学出版社，2006）

试根据真维斯公司对武汉口岸休闲服装市场及真维斯公司武汉各店铺服务质量调查的统计结果，提炼出本次调查的结论，并提出相应的调查建议，之后形成市场调查报告。

二、实训组织

1. 组建实训小组：将教学班学生按每小组 6～8 人的标准划分成若干课题小组，每个小组指定或推选出一名组长。

2. 确定实训课题：每个小组根据形成调查报告的背景资料，撰写出本次调查的调查报告，并完成形成调查报告实训报告以及制作实训报告 PPT 课件。

3. 实施实训操作：各小组组长根据形成调查报告实训的要求，调配资源，明确各组员的任务，并督促大家有效地完成任务，包括：调查报告的草拟、修改和定稿，形成调查报告实训的实训报告的撰写、打印，以及实训报告 PPT 课件的制作等。

4. 撰写实训报告：每个小组完成一份形成调查报告实训的实训报告，并制作成 PPT 课件，实训报告与 PPT 课件通过电子邮件或校园网提交给指导教师。

5. 陈述实训心得：由各个小组推荐的发言人或小组组长代表本小组，借助实训 PPT 课件陈述本小组的实训报告和实训心得。

6. 评价实训效果：各个小组代表陈述后，指导教师点评该次形成调查报告实训的情况，并由全班学生无记名投票，评选出该次实训的获奖小组，并给予表扬与奖励。

三、实训报告

形成调查报告实训报告的格式见图 5-4。

```
                  形成调查报告实训报告
                     第  3  次实训
   班级_____    学号_____    姓名_____    实训评分_____
   实训时间_____    实训名称_____形成调查报告_____
   一、实训目的

   二、实训背景

   三、实训要求

   四、调查报告

   五、实训心得体会

   六、实训评价（指导教师填写）
```

图 5-4　形成调查报告

四、实训考核

实训成绩依据学生上课出勤、课堂讨论发言、实训报告的写作和实训报告 PPT 课件制作水平等进行评定。首先由各小组组长对组内各成员进行成绩评定，成绩分为优秀、良好、中等、及格、不及格五档；然后由指导教师对小组提交的实训报告及实训报告 PPT 进行评分；最后按照以下公式进行加权计算，计算出每个学生的最终成绩。

个人最终成绩=小组组长评定成绩×20%+指导教师评定成绩×80%

其中，小组组长评定组内成员成绩表、指导教师评定实训报告及实训报告 PPT 成绩表分别见表 5-27 与表 5-28。

项目 5　撰写调查报告

表 5-27　小组组长评定组内成员成绩表

小组成员姓名	小组成员成绩				
	优秀（90分以上）	良好（80~90分）	中等（70~79分）	及格（60~69分）	不及格（60分以下）

表 5-28　指导教师评定实训报告及实训报告 PPT 成绩表

评价内容	分值（分）	评分（分）
调查报告的完整性	15	
调查报告的合理性	15	
实训报告的完整性与科学性	30	
实训报告 PPT 设计的质量	20	
实训报告表达效果	20	
总体评分	100	

岗位知识链接

一、调查报告概述

（一）市场调查报告的类型

市场调查报告以大量的市场调查资料为基础，是市场调查研究成果的集中体现，其撰写的好坏将直接影响到整个市场调查研究工作的成果质量。市场调查报告类型如下。

1. 书面调查报告与口头调查报告

书面调查报告是指以书面形式表达的市场调查报告。口头调查报告是指以口头形式表达的市场调查报告。

2. 综合性调查报告与专题性调查报告

综合性调查报告是指围绕研究总体的基本情况和发展变化过程，对其各方面的指标和情况进行比较全面、系统、完整与具体反映的一种调查报告。专题性调查报告是指围绕某个特定事物或专门问题或问题的某些方面做调查研究分析而形成的调查报告。

（二）市场调查报告的立意

市场调查报告的立意即调查报告的中心思想。调查报告的立意要求做到：新、深、准、精。

（1）新。是指调查报告的见解要新颖，要能给人以启迪、给实际工作以指导。

（2）深。是指调查报告要深入揭示事物的本质，挖掘调查材料的内在联系，不能只停留在对某些事物和问题表面现象的认识上。

（3）准。是指调查报告要符合客观实际，不能带有片面性与主观性。

（4）精。是指调查报告的内容要精炼，重点突出，主线明确。

（三）市场调查报告的构成

从严格意义上说，市场调查报告没有固定不变的格式。不同市场调查报告的写作，主要依据调查的目的、内容、结果以及主要用途来决定。一般来说，市场调查报告包括扉页、前言、目录、概要、正文和附录等几个部分。

（1）扉页。即调查报告的封面，包括调查报告的标题、市场调查单位和用户、市场调查日期等。

（2）前言。指对调查项目的简要介绍，陈述调查目标和具体调查问题，对调查报告的组织进行概述等。

（3）目录。指对于内容较多的调查报告，用目录形式列出调查报告的主要部分，包括章节及其各部分的起始页码。

（4）概要。即调查结论摘要，指对全文的总体介绍，简要陈述调查主题、调查过程和调查结论。

（5）正文。即调查报告的主体部分，包括调查背景和目标、详细的调查方法、得出的调查结果与结论以及提出的调查建议。

（6）附录。附录的内容一般包括有关调查的调查问卷、人员走访的谈话记录、提供资料的人员名单、数据整理统计图表、有关材料出处、参考文献等支持性材料。

二、调查报告撰写

（一）市场调查报告的结构要求

（1）解释调查原因。简要陈述调查动机，以便决策者或用户了解调查信息收集、处理和分析的背景。

（2）陈述调查内容。调查报告应交代清楚调查的内容、主要调查项目和调查的主要目的，便于决策者和用户了解调查设计、执行和对调查结果的分析。

（3）说明调查方法。调查报告应说明所采用的调查方法，包括具体的调查方式、抽样方法、数据分析方法等，便于决策者和用户了解调查过程，决定如何采用调查结论。

（4）展示调查结果。调查报告中应该将调查结果逐层分段展示出来，以便决策者和用户能根据调查结果引出结论，考虑应采取的措施。

（5）提出调查建议。调查报告应提出调查建议或意见，以便决策者和用户参考。

（二）市场调查报告的撰写要求

市场调查报告写作的一般程序是：确定标题，拟定撰写提纲，取舍选择调查资料，撰写调查报告初稿，最后修改定稿。市场调查报告撰写的基本要求如下。

（1）调查报告力求客观真实、实事求是。

调查报告必须符合客观实际，引用的材料、数据必须是真实可靠的，要反对弄虚作假，或迎合上级的意图，专挑他们喜欢的材料撰写，总之，要用事实来说话。

（2）调查报告要做到调查资料和观点相统一。

市场调查报告要以调查资料为依据，即调查报告中所有观点、结论都有大量的调查资料为根据。在撰写过程中，要善于用资料说明观点，用观点概括资料，二者相互统一，切忌调查资料与观点相分离。

（3）调查报告要突出市场调查的目的。

撰写市场调查报告，必须目的明确，有的放矢，任何市场调查都是为了解决某一问题，或者为了说明某一问题。市场调查报告必须围绕市场调查的目的来进行论述。

（4）调查报告的语言要简明、准确、易懂。

调查报告是给他人看的，无论是厂长、经理，还是其他一般的读者，他们大多不喜欢冗长、乏味、呆板的语言，也不精通调查的专业术语，因此，撰写调查报告语言要力求简单、准确、通俗易懂。

（三）市场调查报告的撰写技巧

1. 文字表达技巧

文字表达技巧包括叙述、说明、议论、语言运用四个方面。

（1）叙述技巧。常用的叙述技巧有概述叙述（将调查过程和情况概略性地陈述）、时序叙述（按时间先后顺序进行叙述）、主体省略叙述（叙述中用代词代替主体单位，主体指写报告的单位）等三种。

（2）说明技巧。常用的说明技巧有数字说明（让数字说话，阐明问题）、分类说明（将调查资料根据调查目的按一定的标准分类，分别说明）、对比说明（把有关情况、数字，采用对比的形式说明问题）、举例说明（用某个或某些具体的事例说话）四种。

（3）议论技巧。常用的议论技巧有归纳论证（归纳论证，也称"事实论证"，它是用列举具体事例来论证一般结论的方法。它通过许多个别的事例或分论点，然后归纳出它们所共有的特性，从而得出一般性的结论。归纳法可以先举事例再归纳结论，也可以先提出结论再举例加以证明）和演绎论证（演绎论证，也称"理论论证"，它是根据一般原理或结论来论证个别事例的方法，即用普遍性的论据来证明特殊性的论点）两种。

（4）语言运用技巧。常用的语言运用技巧有用词技巧（用词中应以数词、专业用词显示特色）和句式技巧（句式中应大量使用陈述句）两种。

2. 表格表达技巧

表格作为描述性统计工具，以其直观、形象、清晰的特点广泛应用于调查报告中。采用表格时应注意以下几点。

（1）表格应有简明扼要的标题及清楚正确的序号。

（2）按需要强调的内容确定表格的排列顺序。

（3）不要滥用线条，尽量用空白分隔各项数据。

（4）表明各种数据单位，给出必要的说明和标注。

（5）表格中的数字、位数应对齐，要有合计数。

（6）说明数据来源，尤其是二手数据。

3. 图形表达技巧

图形以其直观、形象、美观和富有吸引力的特点越来越多地被运用于调查报告中，帮助用户理解调查报告的内容。采用图形时应注意以下几点。

（1）图形应标明标题和序号。
（2）图形的颜色和纹理选择要有一定的逻辑性。
（3）图标的位置恰当。
（4）图形的排列要符合人们的视觉习惯。
（5）图形的数据来源应说明清楚。
（6）尽量使用 Excel 电子表格制图。

岗位业务工具

市场调查报告格式模板（见表 5-29）

表 5-29　市场调查报告格式模板

格式项目	书写及内容说明
标题封面	写明调查题目，承办单位、部门及承办人和日期
目录	列出报告的所有主要部分和细节部分，以及其所在页数，以便读者能尽快阅读所需内容。调查报告少于 6 页时，目录可省去
摘要	以简明扼要的语言陈述调查研究结果，以便企业的决策者能迅速了解到调查的成果，确定应该采取什么样的措施或行动等
前言	简要说明调查背景、调查目的和所采用的调查方法
调查结果	调查报告的核心内容，将调查结果做有组织有条理的整理和陈述，最好图文并茂，便于读者阅读和理解
结论及建议	根据调查情况、调查结果，针对企业的具体情况提出相应的意见、改进建议等
附录	调查有关的数据图表等

项目 6

网络市场调查

职业岗位认识

1. 网络市场调查岗位工作描述

网络市场调查是指企业为了某个特定的经营决策,利用因特网技术与资源开展的收集整理市场信息,分析判断市场需求变化情况的经营活动。企业通过各种网络市场调查的方式与方法,可以系统地收集到大量有关网络市场的数据和资料,如实地反映企业经营活动方面的客观情况,从而为企业决策提供客观依据。

通过网络市场调查综合实训,学生能掌握网络市场调查系统的运用,能进行网上调查问卷的设计、发布、数据收集与整理以及网络市场调查报告的形成与保存操作。

2. 网络市场调查岗位工作程序

网络市场调查的程序见图6-1。

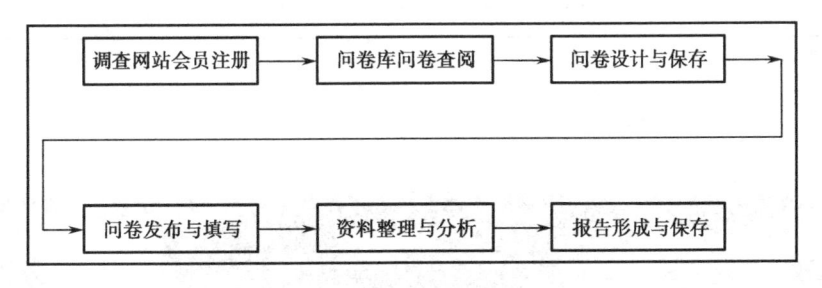

调查网站会员注册 → 问卷库问卷查阅 → 问卷设计与保存 → 问卷发布与填写 → 资料整理与分析 → 报告形成与保存

图6-1 网络市场调查程序

岗位技能实训

任务 1　注册问卷星会员

实训目的和要求

实训目的
1. 培养学生调查网站会员注册的能力；
2. 培养学生组织分工与团队合作的能力；
3. 培养学生整理分析资料与写作的能力；
4. 培养学生计算机软件应用的能力；
5. 培养学生积极讨论与口头表达的能力。

实训要求
1. 实践操作问卷星调查网站会员的注册；
2. 记录网站会员注册各步骤，形成实训报告；
3. 依据实训报告制作出该次实训的 PPT 课件；
4. 实训报告及 PPT 课件通过电子邮件提交给老师。

实训例讲

问卷星网站会员注册操作

（1）登录问卷星首页，单击"注册"按钮，见图 6-2。

图 6-2　登录问卷星

项目 6　网络市场调查

（2）填写注册信息，包括用户名、密码、验证码等，单击"创建用户"按钮，见图 6-3。

图 6-3　填写注册信息

（3）进入"自助创建问卷"页面，则可开始设计调查问卷。至此，问卷星会员注册成功，见图 6-4。

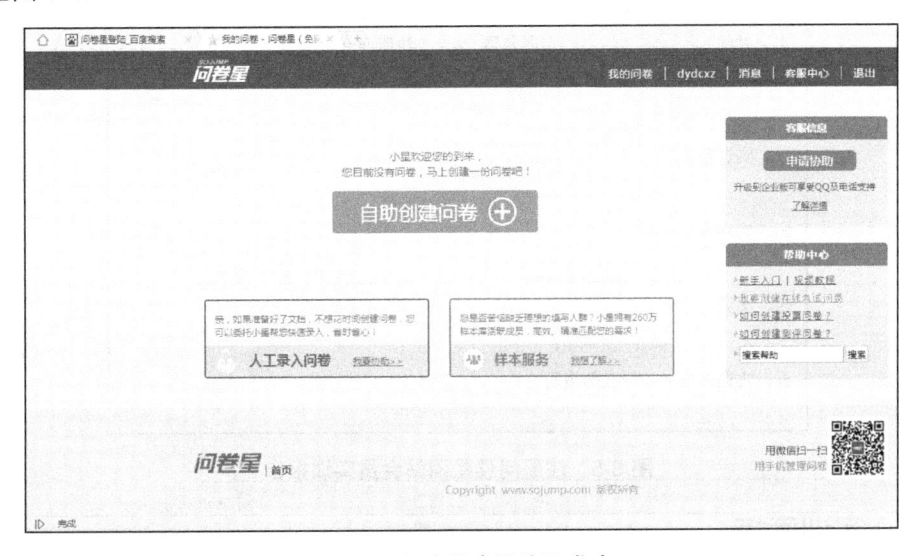

图 6-4　问卷星会员注册成功

实训练习

一、实训项目：注册问卷星调查网站会员

二、实训组织

1. 组建实训小组：将教学班学生按每小组 6～8 人的标准划分成若干课题小组，每个

小组指定或推选出一名组长。

2. 确定实训课题：每个小组根据实训要求，完成问卷星调查网站会员注册的操作，并完成注册问卷星会员实训报告以及制作实训报告PPT课件。

3. 实施实训操作：各小组组长根据注册问卷星调查网站会员实训的要求，调配资源，明确各组员的任务，并督促大家有效地完成任务，包括：问卷星调查网站会员注册的操作，注册问卷星会员实训报告的撰写、打印，以及实训报告PPT课件的制作等。

4. 撰写实训报告：每个小组完成一份注册问卷星会员实训的实训报告，并制作成PPT课件，实训报告与PPT课件通过电子邮件或校园网提交给指导教师。

5. 陈述实训心得：由各个小组推荐的发言人或小组组长代表本小组，借助实训PPT课件陈述本小组的实训报告和实训心得。

6. 评价实训效果：各个小组代表陈述后，指导教师点评该次注册问卷星会员实训的情况，并由全班学生无记名投票，评选出该次实训的获奖小组，并给予表扬与奖励。

三、实训报告

注册问卷星网站会员实训报告的格式见图6-5。

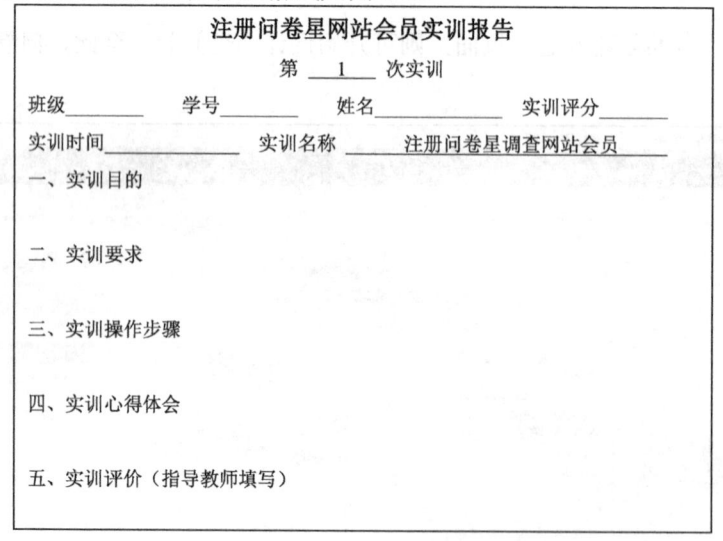

```
           注册问卷星网站会员实训报告
                  第  1   次实训
   班级_____  学号_____  姓名_____  实训评分_____
   实训时间_____  实训名称  注册问卷星调查网站会员
   一、实训目的


   二、实训要求


   三、实训操作步骤


   四、实训心得体会


   五、实训评价（指导教师填写）
```

图6-5 注册问卷星网站会员实训报告

四、实训考核

实训成绩依据学生上课出勤、实训操作规程、课堂讨论发言、实训报告的写作和实训报告PPT课件制作水平等进行评定。首先由各小组组长对组内各成员进行成绩评定，成绩分为优秀、良好、中等、及格、不及格五档；然后由指导教师对小组提交的实训报告及实训报告PPT进行评分；最后按照以下公式进行加权计算，计算出每个学生的最终成绩。

个人最终成绩=小组组长评定成绩×20%+指导教师评定成绩×80%

其中，小组组长评定组内成员成绩表、指导教师评定实训报告及实训报告PPT成绩表分别见表6-1与表6-2。

表 6-1　小组组长评定组内成员成绩表

小组成员姓名	小组成员成绩				
	优秀 （90分以上）	良好 （80~90分）	中等 （70~79分）	及格 （60~69分）	不及格 （60分以下）

表 6-2　指导教师评定实训报告及实训报告 PPT 成绩表

评价内容	分值（分）	评分（分）
会员注册操作的正确性	15	
会员注册操作的完整性	15	
实训报告的完整性	30	
实训报告 PPT 设计的质量	20	
实训报告表达效果	20	
总体评分	100	

任务 2　设计网上调查问卷

实训目的

1. 培养学生设计网上调查问卷的能力；
2. 培养学生组织分工与团队合作的能力；
3. 培养学生整理分析资料与写作的能力；
4. 培养学生计算机软件应用的能力；
5. 培养学生积极讨论与口头表达的能力。

实训要求

1. 以会员身份登录问卷星调查网站；
2. 实践操作网上调查问卷的设计；
3. 记录网上调查问卷设计各步骤，形成实训报告；
4. 依据实训报告制作出该次实训的 PPT 课件；
5. 实训报告及 PPT 课件通过电子邮件提交给老师。

实训例讲

网上调查问卷设计操作

一、登录问卷星

（1）登录问卷星首页，单击"登录"按钮，见图 6-6。

图 6-6　登录问卷星

（2）输入用户名和密码，单击"登录"按钮，见图 6-7。

图 6-7　输入用户名和密码

（3）登录后，自动跳转到问卷设计页面，见图 6-8。

二、设计新问卷

（1）在问卷设计页面，单击"自助创建问卷"按钮，见图 6-9。

（2）填写问卷名称和问卷说明等信息，单击"确定"按钮，见图 6-10。

（3）进入到设计调查问卷页面，问卷星提供了多种问题设计辅助模块，包括常用题型和题目等，见图 6-11。

（4）将鼠标移动到"更多"按钮，将自动下拉出个人信息等常用题目，见图 6-12。

项目 6 网络市场调查

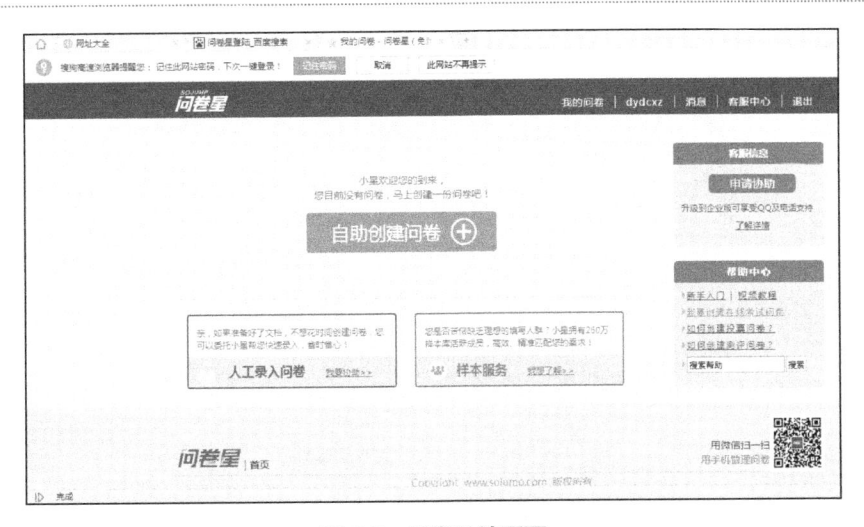

图 6-8 问卷设计页面

图 6-9 单击"自助创建问卷"按钮

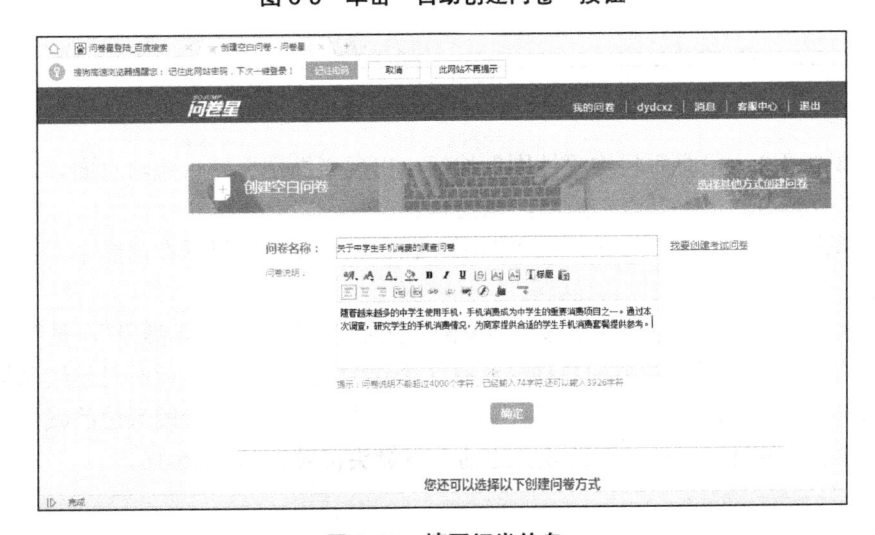

图 6-10 填写问卷信息

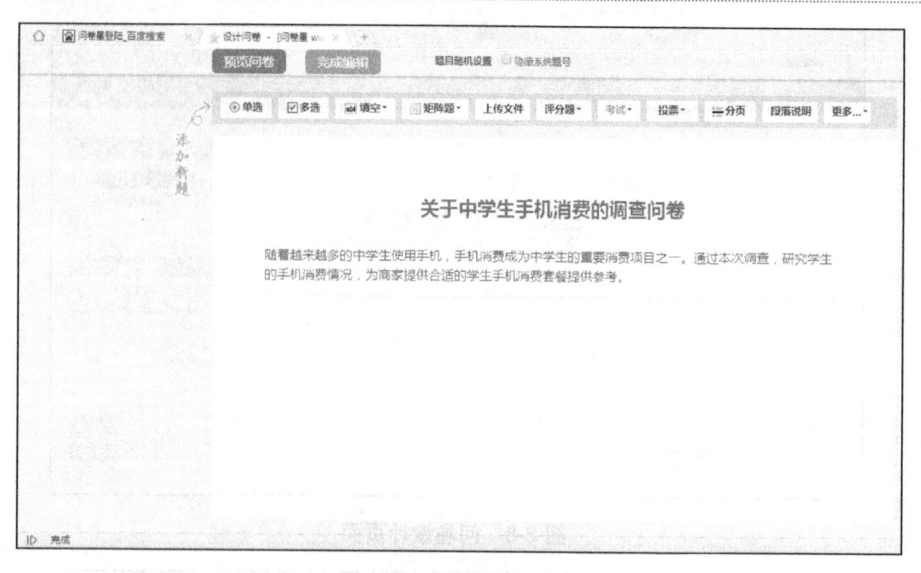

图 6-11 常用题型页面

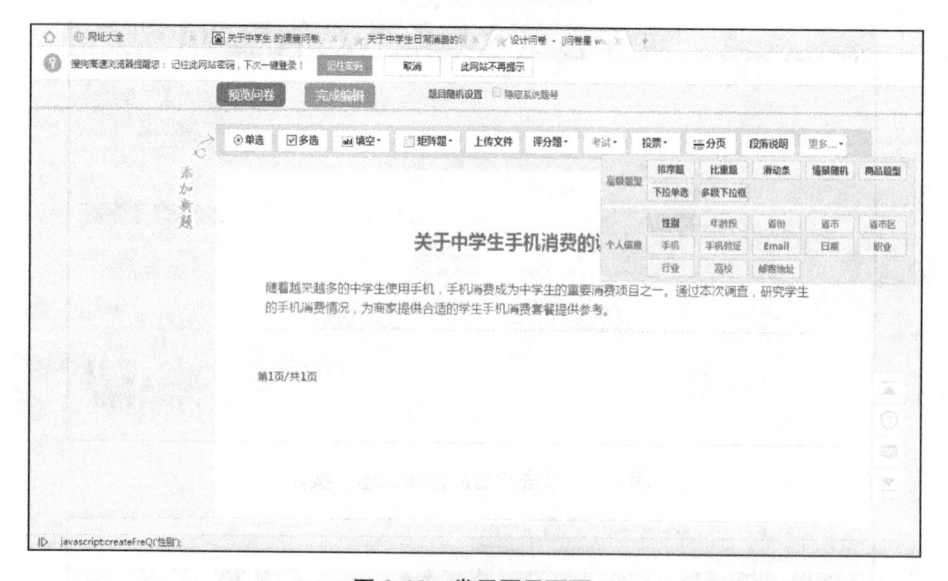

图 6-12 常用题目页面

（5）单击"个人信息"栏中"性别"按钮，出现"性别"题目编辑页面，此时可对题目的属性进行修改，也可以直接应用，见图 6-13。

（6）单击"完成编辑"按钮，则"性别"题目完成设计，显示在问卷中，并自动设置为第 1 题，见图 6-14。

（7）继续添加常用题目"年龄段"，单击"个人信息"栏中"年龄段"，见图 6-15。

（8）"年龄段"题目设计页面自动显示有 7 个年龄段可供选择，此时可继续添加更多年龄段（单击年龄段旁边的加号）或删除某些年龄段选项（单击年龄段旁边的减号）以及调整各年龄段选项的排序（单击年龄段旁边的上下箭头符号），见图 6-16。

项目 6　网络市场调查

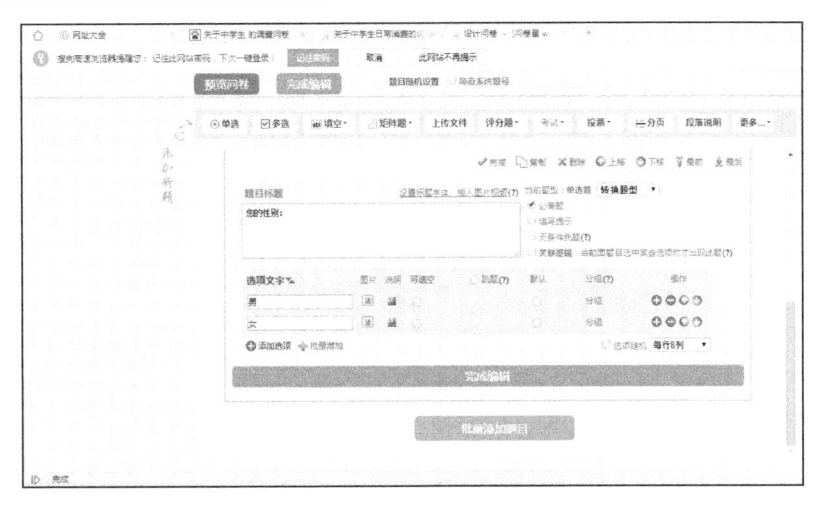

图 6-13　"性别"题目编辑页面

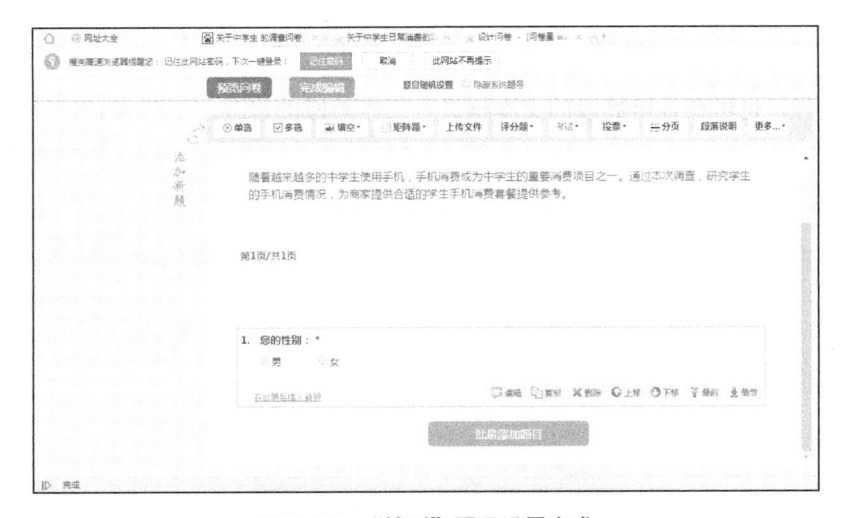

图 6-14　"性别"题目设置完成

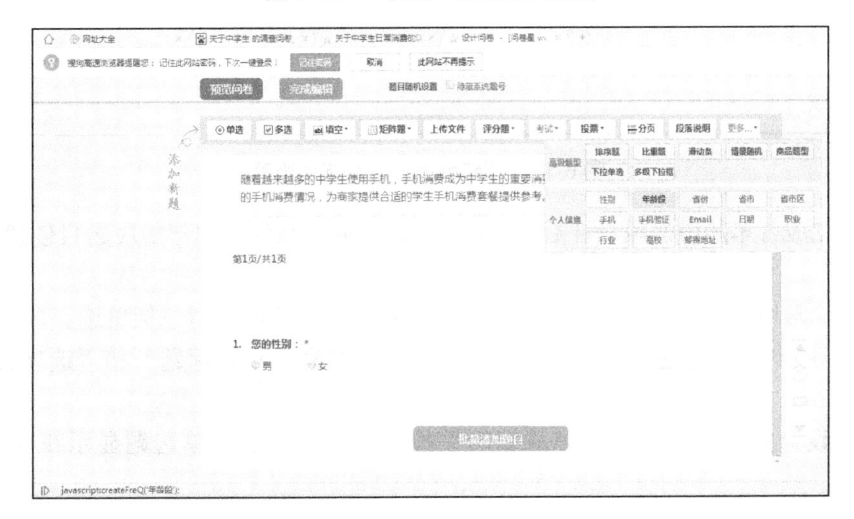

图 6-15　单击"年龄段"按钮

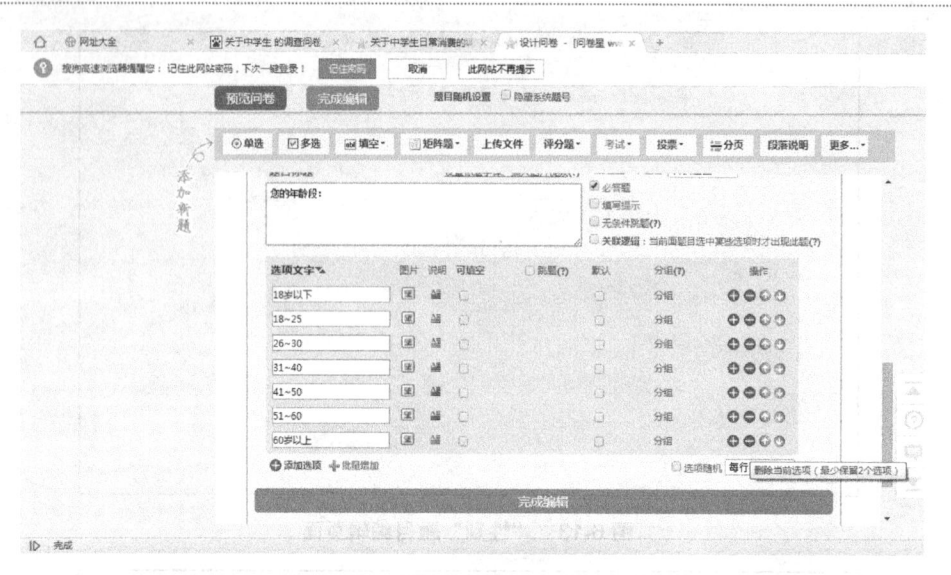

图 6-16 "年龄段"题目选项设计

(9)另外,也可在各年龄段的文本框进行某年龄段的修改,见图 6-17。

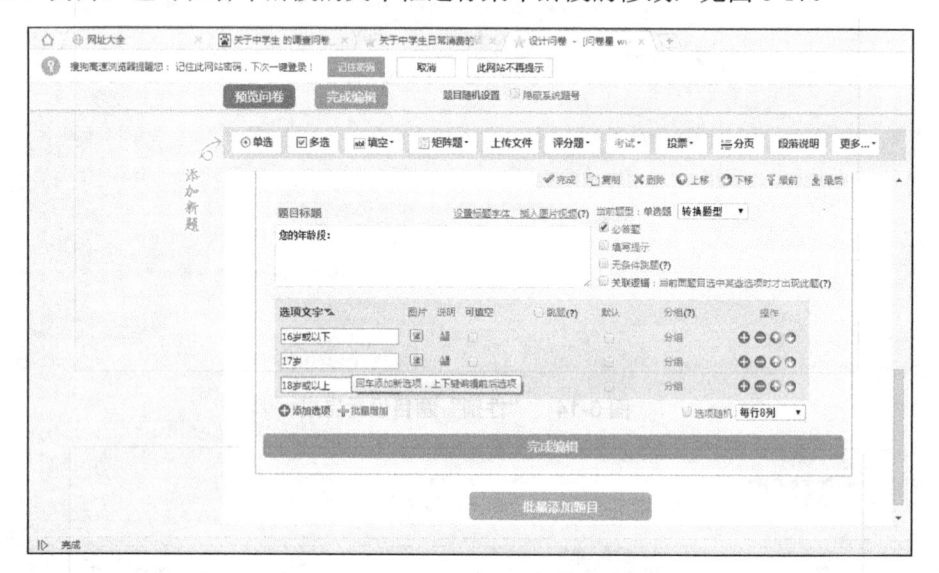

图 6-17 "年龄段"题目选项修改

(10)完成各年龄段选项设计后,单击"完成编辑"按钮,则年龄段题目创建完成,见图 6-18。

(11)除常用题目外,用户也可自己创建题目,可创建的题型包括单选、多选、填空、矩阵题等,如创建单选题,可单击"单选"按钮,填写"题目标题"和"选项文字",见图 6-19。

(12)设计完成,则单击"完成编辑"按钮,则新创建的单选题显示在问卷中,见图 6-20。

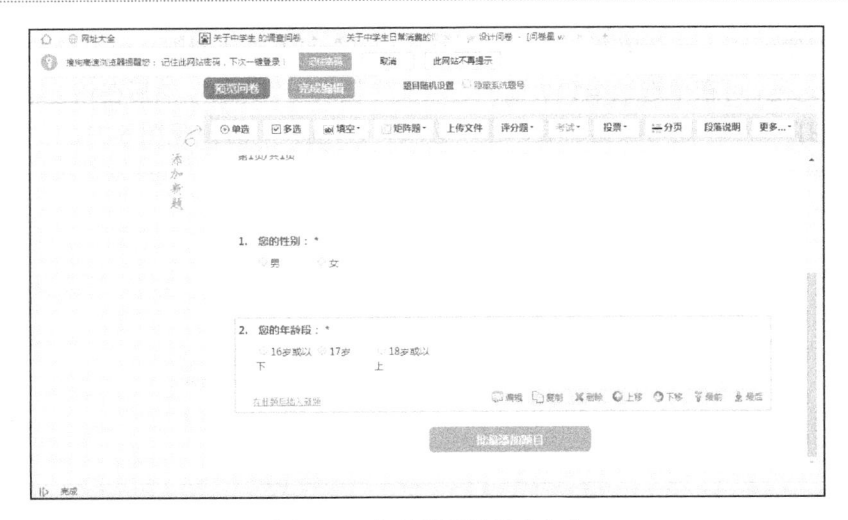

图 6-18　年龄段题目创建完成

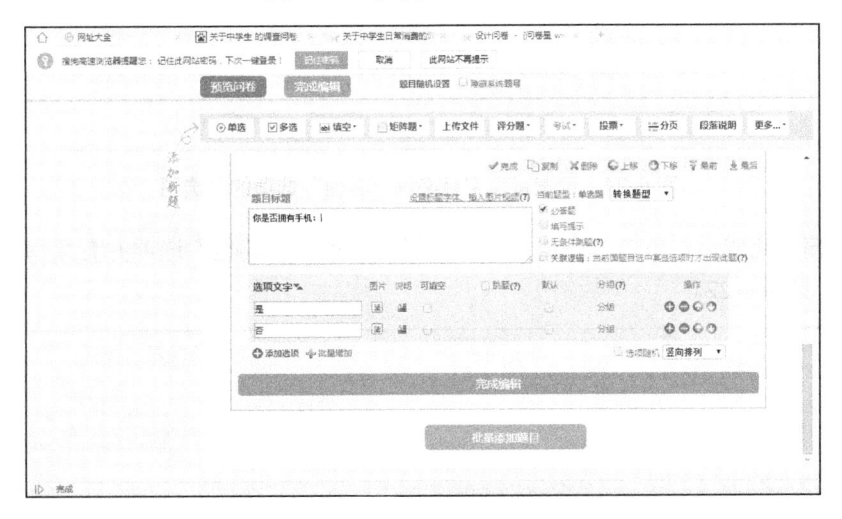

图 6-19　创建单选题

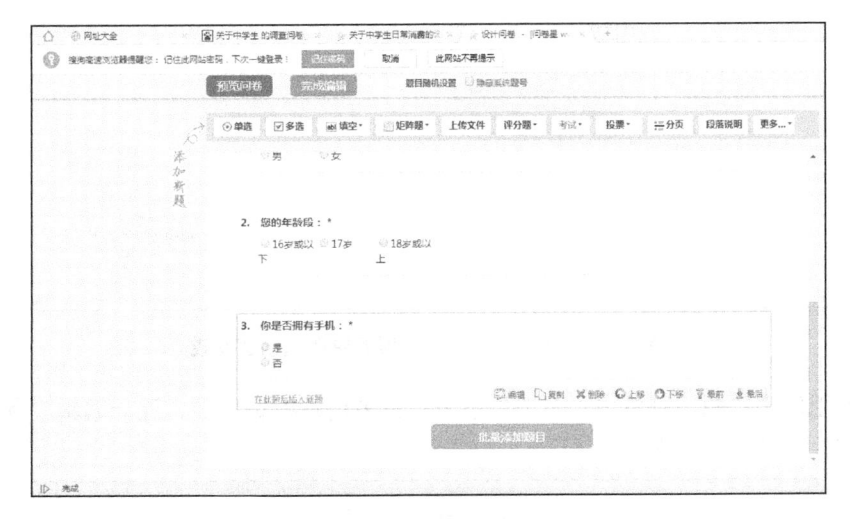

图 6-20　单选题创建完成

（13）创建可填空且必填"其他"选项的单选题，即需要被调查者填写关于其他项的具体内容的单选题，可在单选题编辑页面的选项文字框填上"其他"，然后在该选项右边的"可填空"方框打"√"，还可根据需要，在"必填"方框打"√"，见图6-21。

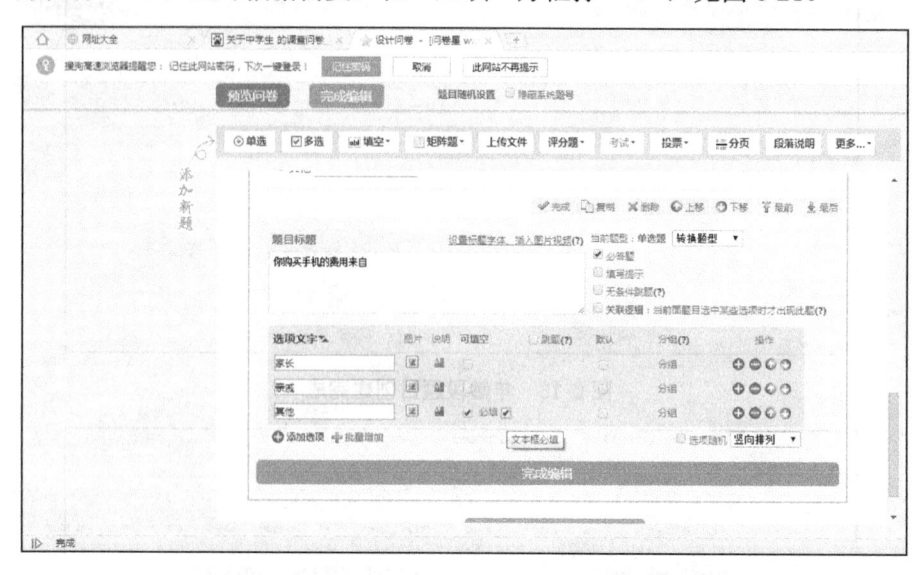

图6-21　设置可填空且必填"其他"选项的单选题

（14）编辑完成后，单击"完成编辑"按钮，则包含"其他"选项并有填写项的单选题设计完成，见图6-22。

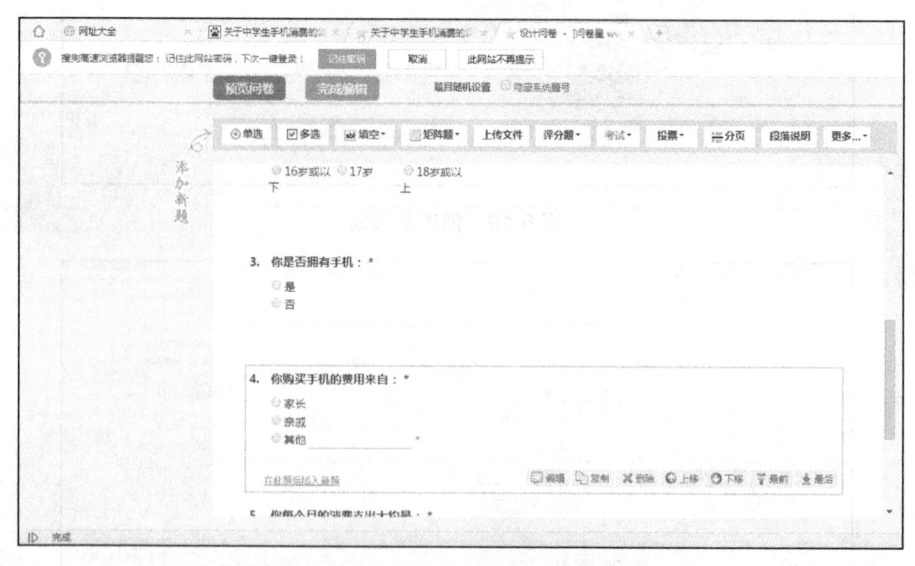

图6-22　包含"其他"选项的单选题创建完成

（15）创建多选题，可单击"多选"按钮，在多选题编辑页面，逐一编辑"题目标题"、"选项文字"等项目，见图6-23。

项目 6　网络市场调查

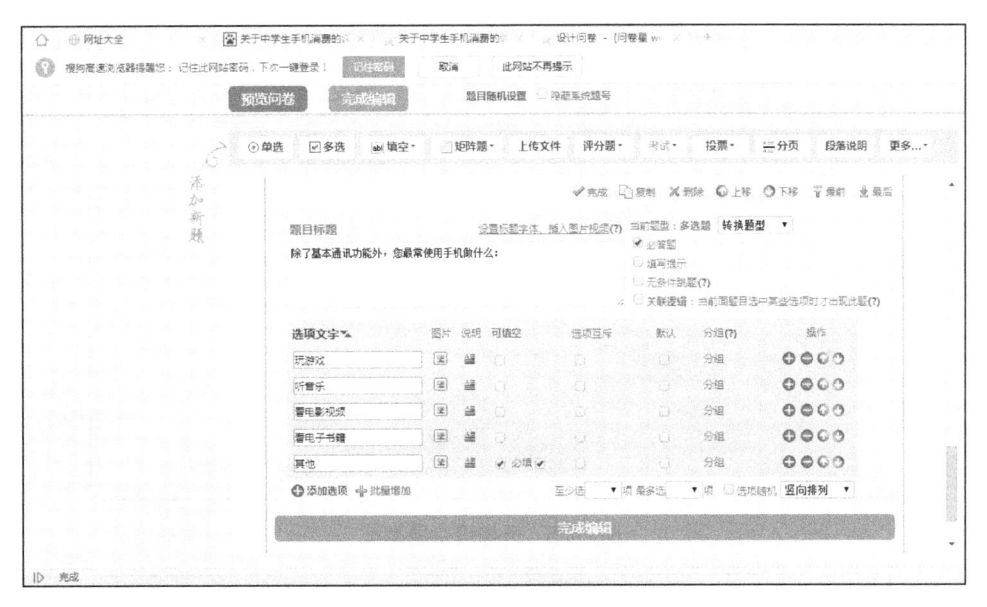

图 6-23　编辑多选题

（16）编辑完成后，单击"完成编辑"按钮，则多选题创建完成，见图 6-24。

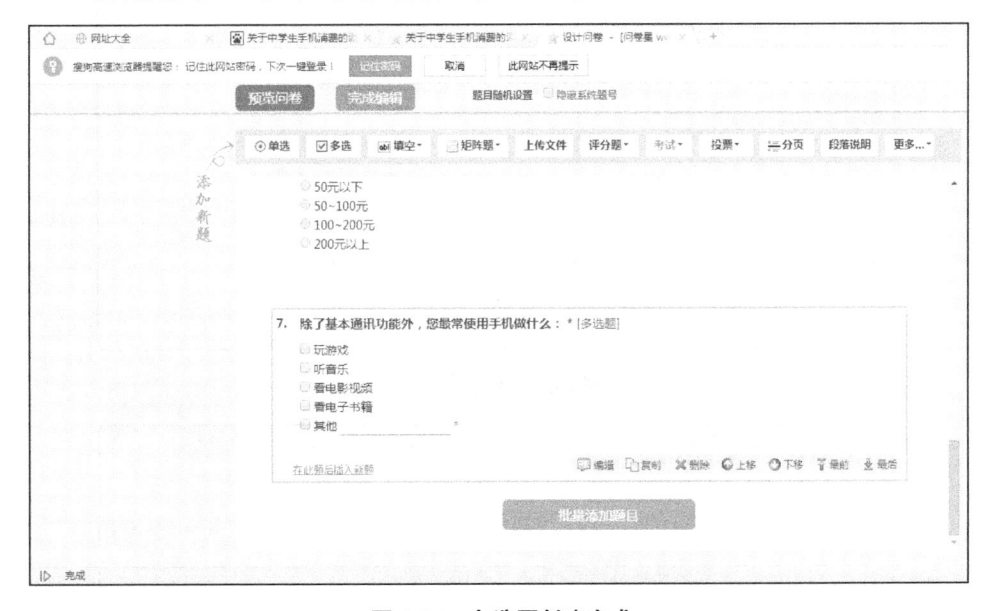

图 6-24　多选题创建完成

（17）创建填空题，可单击"填空"按钮，在其下拉菜单中可选择"单项填空"、"多项填空"或"矩阵填空"，见图 6-25。

（18）选中"单项填空"，填写题目标题、设计宽度，同时还可根据需要在"必答题"方框打"√"，见图 6-26。

（19）编辑完成后，单击"完成编辑"按钮，则填空题创建完成，见图 6-27。

165

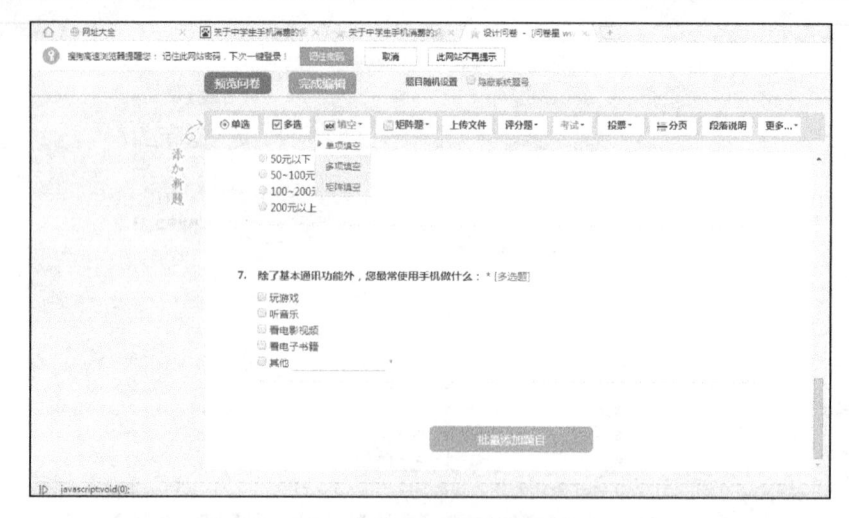

图 6-25 选择填空题类型

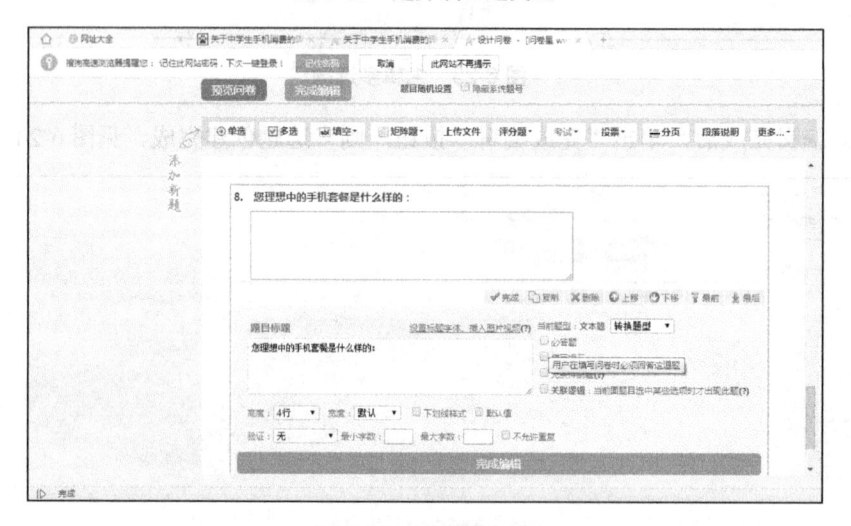

图 6-26 创建填空题

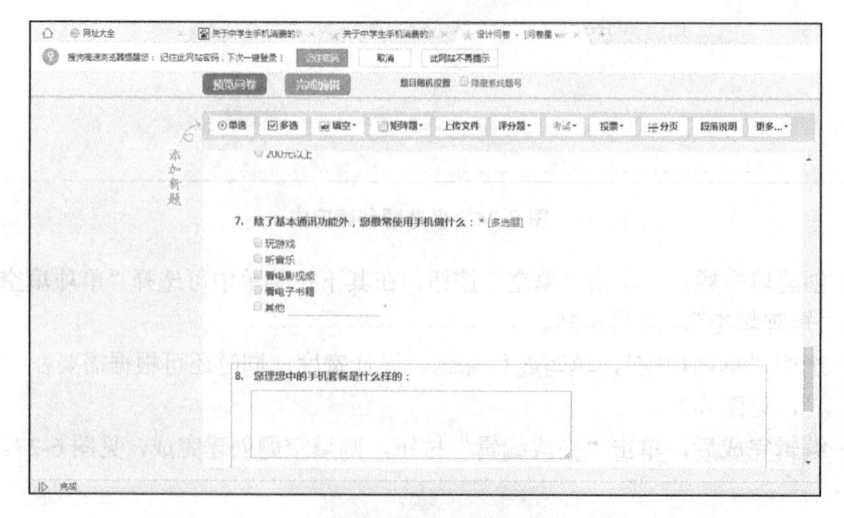

图 6-27 填空题创建完成

（20）创建跳转题目，如以上第 3 题中问道"您是否拥有手机？"，第 4~8 题是针对第 3 题中回答"是"的人设置的，对于回答"否"的人并不需要回答，这时可以设置如果在第 3 题中回答"否"，则直接跳转到第 9 题。要达到这个效果，可借助"关联逻辑"功能来实现，见图 6-28。

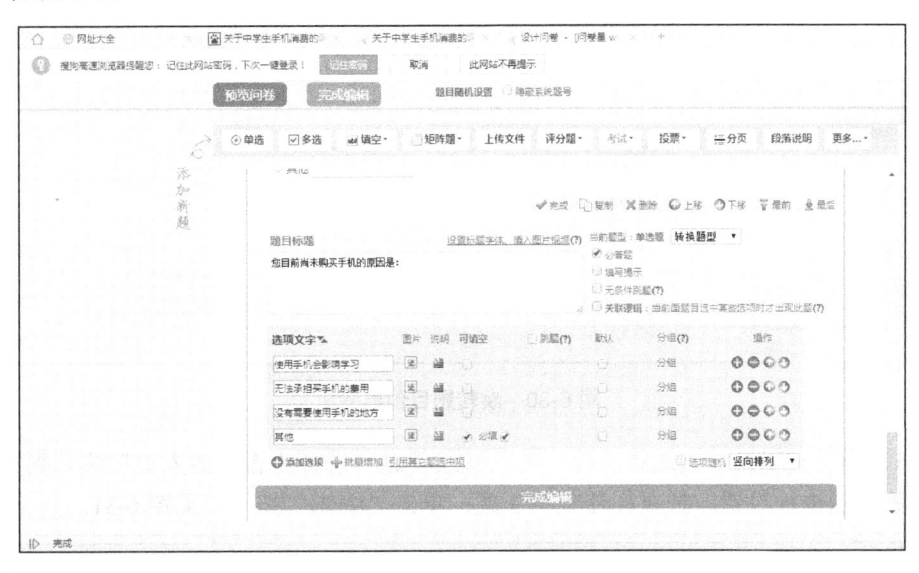

图 6-28 创建跳转题目

（21）选中"关联逻辑"，在其编辑页面，选择"关联题目"，如第 3 题，在"当关联的题目选择下面的选项"中，选择"否"，然后单击"确定"按钮，见图 6-29。

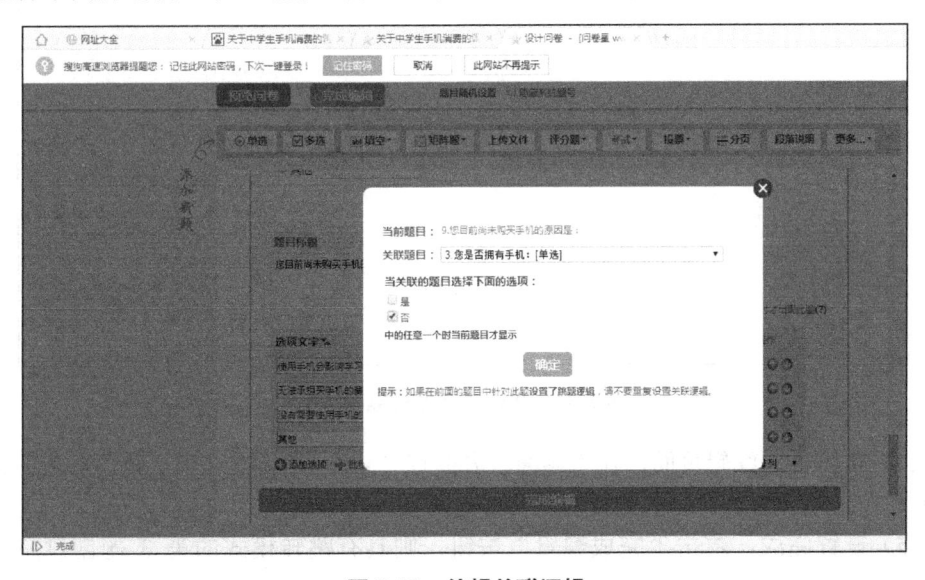

图 6-29 编辑关联逻辑

（22）返回到第 9 题编辑页面，此时编辑页面出现"依赖于第 3 题的第 2 个选项"的选项，表示该题目与第 3 题关联成功。另外，因该题是第 3 题回答"是"的人无须回答的，所以需把"必答题"选项方框中的"√"去掉，之后单击"完成编辑"按钮，见图 6-30。

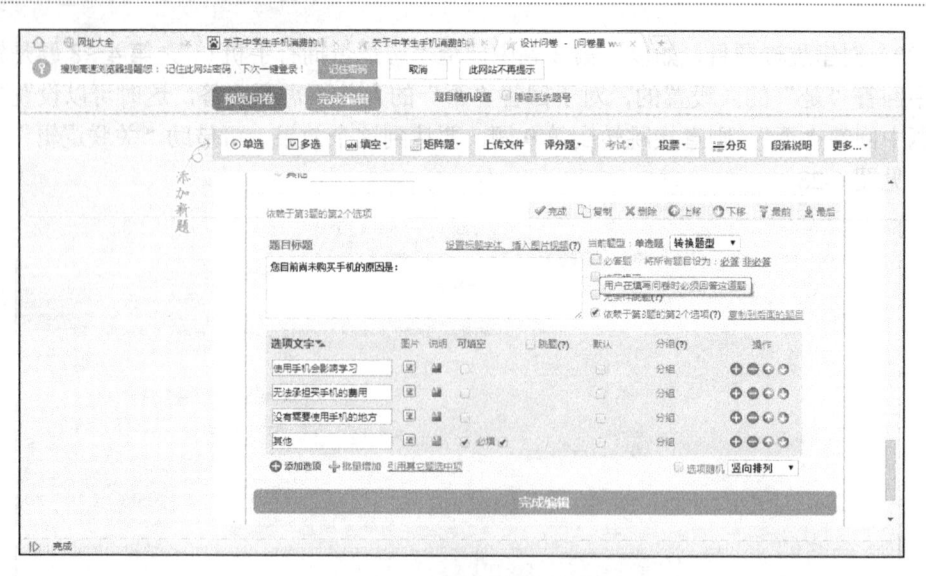

图 6-30　跳转题目创建完成

（23）为了实现第 3 题选择"是"的人继续答题，选择"否"的人直接跳转到第 9 题，还需对第 3 题进行设置。把鼠标移到第 3 题，单击"编辑"按钮，见图 6-31。

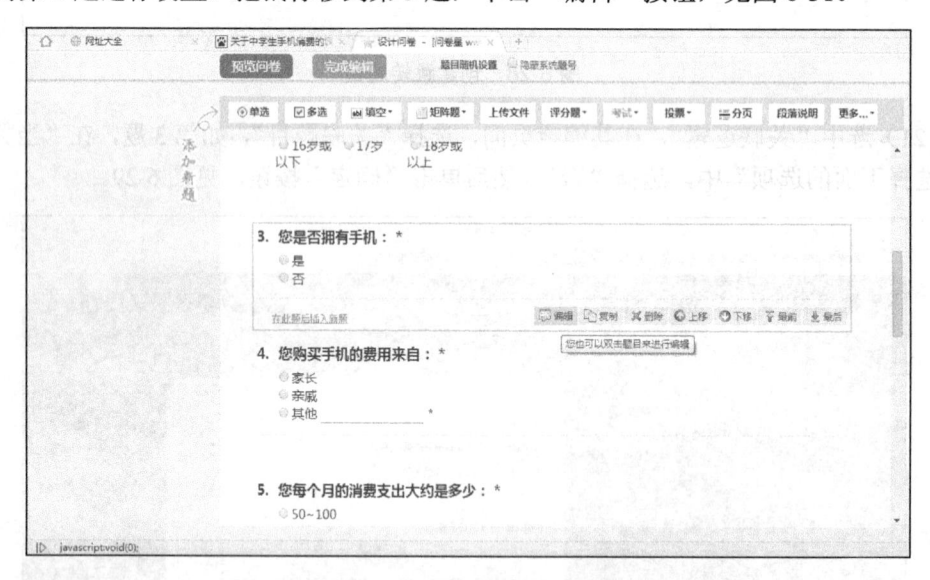

图 6-31　单击第 3 题的编辑按钮

（24）在第 3 题编辑页面，在"跳题"方框打"√"，然后在选项"是"对应的方框写上"0"，在选项"否"对应的方框写上"9"，见图 6-32。

（25）设置完成，单击"完成编辑"按钮，则具有跳转模式的第 3 题创建完成，见图 6-33。

（26）当全部题目创建完毕，单击页面上方的"完成编辑"按钮，则完成整个调查问卷的设计，见图 6-34。

项目 6　网络市场调查

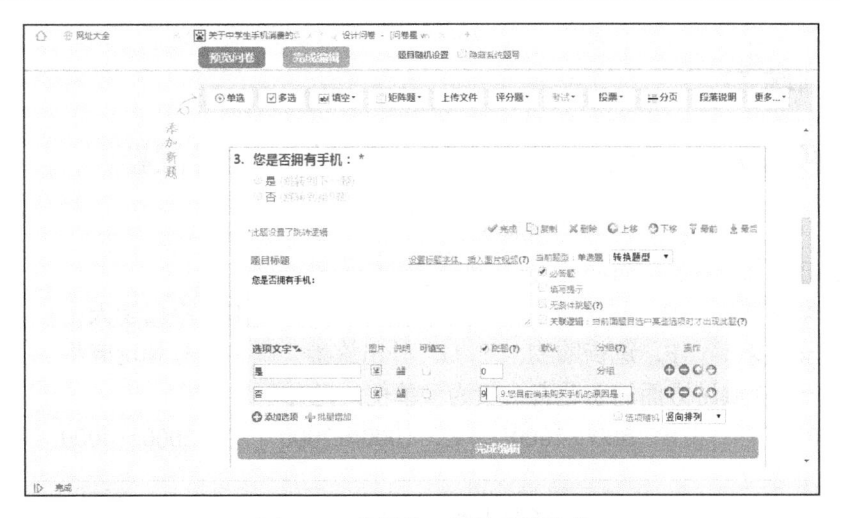

图 6-32　编辑第 3 题的跳转模式

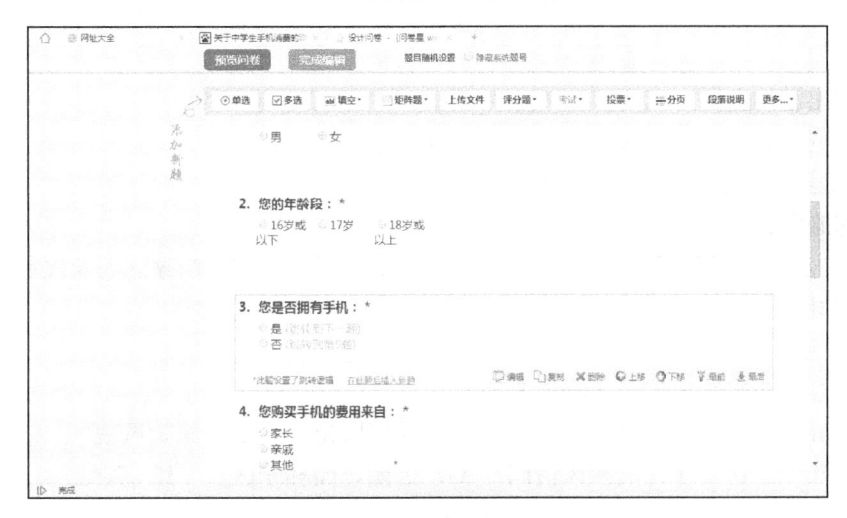

图 6-33　具有跳转模式的第 3 题创建完成

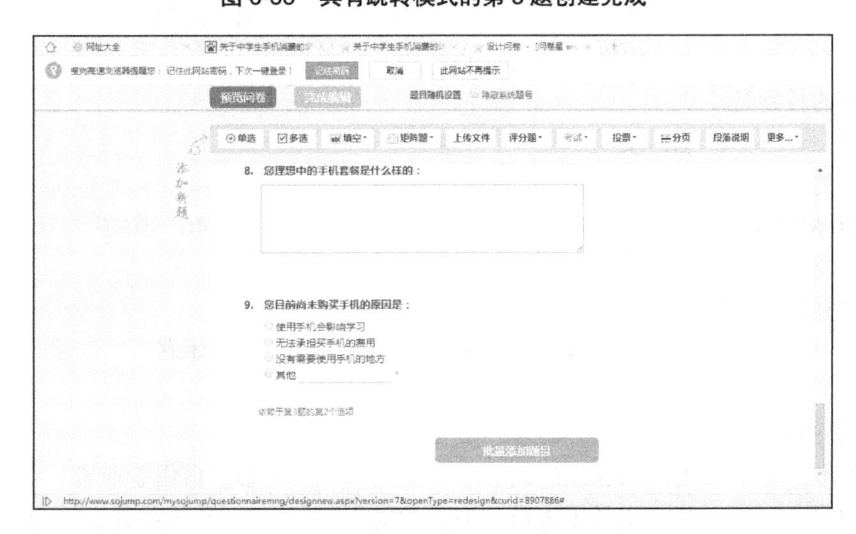

图 6-34　完成问卷设计

实训练习

一、实训项目：登录问卷星网站，设计网上调查问卷

旅游市场调查问卷

1. 您在休假时最喜欢的活动为：
   A. 做家务　　　B. 看书报　　　C. 看电视　　　D. 串门聊天
   E. 娱乐健身　　F. 逛街购物　　G. 外出旅游　　H. 打牌玩麻将　　I. 其他
2. 您一年在旅游方面的总花费一般为（单位：元）：
   A. 500 以下　　B. 500～1000　　C. 1000～2000　　D. 2000～4000
   E. 4000 以上
3. 如果出门旅游，您通常选择的出游时间为：
   A. 周末　　　　B. 五一节　　　C. 暑假　　　　D. 国庆节
   E. 元旦　　　　F. 春节　　　　G. 其他
4. 您出游的主要方式为：
   A. 单位组织　　B. 参加旅行团　　C. 与友人结伴同游
   D. 与家人同游　E. 独自出游　　　F. 其他方式
5. 您旅游的目的是：
   A. 放松自我、释放工作学习压力　　B. 增长见识　　C. 与家人朋友度假
   D. 艺术采风、创作　　　　　　　　E. 探险、挑战自我
   F. 其他
6. 您喜欢的旅游地类型（限选 3 项）：
   A. 名山大川　　B. 名胜古迹　　C. 异域风光　　D. 原始风貌
   E. 城市商业区　F. 民族风情园　G. 公园、园林景区　　H. 其他
7. 您外出旅游一般选择什么交通方式：
   A. 汽车　　　　B. 火车　　　　C. 飞机　　　　D. 轮船
   E. 依地点而定　F. 依经济情况而定
8. 您的性别是：
   A. 男　　　　　B. 女
9. 您的年龄是：
   A. 20 岁以下　　B. 20～30 岁　　C. 30～40 岁　　D. 40～50 岁
   E. 50 岁以上
10. 您的文化程度为：
    A. 初中以下　　B. 高中或中专　C. 大专　　　　D. 本科
    E. 研究生及以上
11. 您的职业是：
    A. 职员　　　　B. 职业经理人　C. 商人　　　　D. 自由职业者　　E. 公务员
    F. 农民　　　　G. 文教卫人员　H. 学生　　　　I. 军人或警察　　J. 其他

12．您的月收入为：
A．1000 元以下　　　　　　B．1000～2000 元　　　　　　C．2000～3000 元
D．3000～4000 元　　　　　E．4000～5000 元　　　　　　F．5000 元以上
13．您对旅游有什么需要或建议吗？_____

二、实训组织

1．组建实训小组：将教学班学生按每小组 6～8 人的标准划分成若干课题小组，每个小组指定或推选出一名组长。

2．确定实训课题：每个小组根据实训要求，完成设计网上调查问卷的操作，并完成设计网上调查问卷实训报告以及制作实训报告 PPT 课件。

3．实施实训操作：各小组组长根据设计网上调查问卷实训的要求，调配资源，明确各组员的任务，并督促大家有效地完成任务，包括：设计网上调查问卷的操作，设计网上调查问卷实训报告的撰写、打印，以及实训报告 PPT 课件的制作等。

4．撰写实训报告：每个小组完成一份设计网上调查问卷实训的实训报告，并制作成 PPT 课件，实训报告与 PPT 课件通过电子邮件或校园网提交给指导教师。

5．陈述实训心得：由各个小组推荐的发言人或小组组长代表本小组，借助实训 PPT 课件陈述本小组的实训报告和实训心得。

6．评价实训效果：各个小组代表陈述后，指导教师点评该次设计网上调查问卷实训的情况，并由全班学生无记名投票，评选出该次实训的获奖小组，并给予表扬与奖励。

三、实训报告

设计网上调查问卷实训报告的格式见图 6-35。

```
              设计网上调查问卷实训报告
                   第  2  次实训
班级_____   学号_____   姓名_____   实训评分_____
实训时间_____   实训名称____设计网上调查问卷____

一、实训目的


二、实训要求


三、实训操作步骤


四、实训心得体会


五、实训评价（指导教师填写）
```

图 6-35　设计网上调查问卷

四、实训考核

实训成绩依据学生上课出勤、实训操作规程、课堂讨论发言、实训报告的写作和实训报告 PPT 课件制作水平等进行评定。首先由各小组组长对组内各成员进行成绩评定,成绩分为优秀、良好、中等、及格、不及格五档;然后由指导教师对小组提交的实训报告及实训报告 PPT 进行评分;最后按照以下公式进行加权计算,计算出每个学生的最终成绩。

个人最终成绩=小组组长评定成绩×20%+指导教师评定成绩×80%

其中,小组组长评定组内成员成绩表、指导教师评定实训报告及实训报告 PPT 成绩表分别见表 6-3 与表 6-4。

表 6-3 小组组长评定组内成员成绩表

小组成员姓名	小组成员成绩					
	优秀 (90 分以上)	良好 (80~90 分)	中等 (70~80 分)	及格 (60~70 分)	不及格 (60 分以下)

表 6-4 指导教师评定实训报告及实训报告 PPT 成绩表

评价内容	分值(分)	评分(分)
网上调查问卷设计操作的正确性	15	
网上调查问卷设计操作的完整性	15	
实训报告的完整性	30	
实训报告 PPT 设计的质量	20	
实训报告表达效果	20	
总体评分	100	

任务 3 发布网上调查问卷

实训目的

1. 培养学生发布网上调查问卷的能力;
2. 培养学生组织分工与团队合作的能力;
3. 培养学生整理分析资料与写作的能力;
4. 培养学生计算机软件应用的能力;
5. 培养学生积极讨论与口头表达的能力。

实训要求

1. 实践操作网上调查问卷的发布;

项目 6　网络市场调查

2. 记录网上调查问卷发布各步骤，形成实训报告；
3. 依据实训报告制作出该次实训的 PPT 课件；
4. 实训报告及 PPT 课件通过电子邮件提交给老师。

实训例讲

网上调查问卷发布操作

（1）登录问卷星，可看到之前创建的调查问卷，见图 6-36。

图 6-36　查看调查问卷

（2）单击该调查问卷的名称，则可以浏览其内容，见图 6-37。

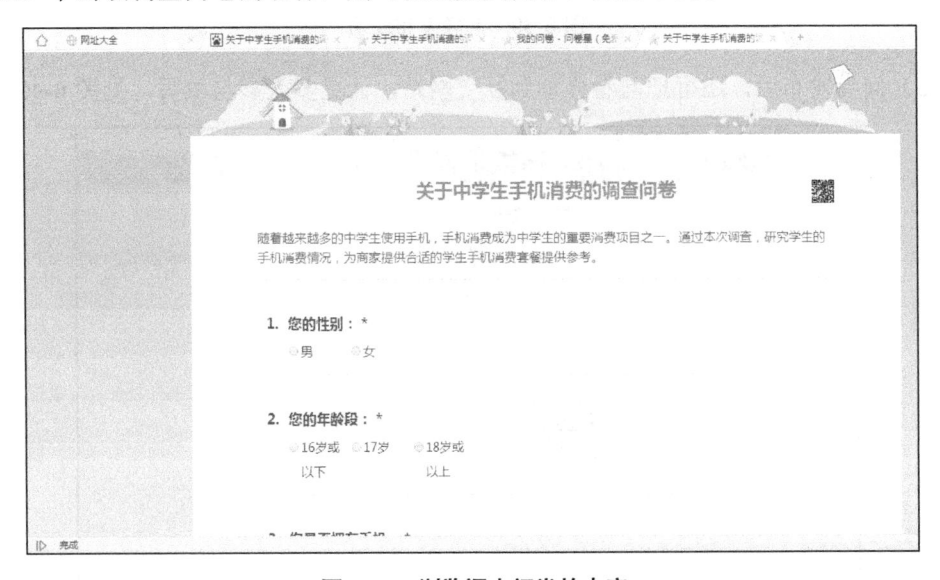

图 6-37　浏览调查问卷的内容

173

（3）如果问卷某些内容需要修改，可退回到上一页面，在"设计问卷"下拉列表中，选择"修改问卷"进行修改，见图 6-38。

图 6-38　"修改问卷"选项

（4）如果无须修改，单击问卷名称右边的"发布"按钮，则可成功发布调查问卷，见图 6-39。

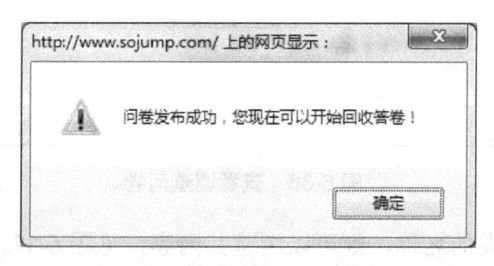

图 6-39　问卷发布成功

（5）问卷发布后，还可把问卷分享到社交网站，让更多人参与填写，见图 6-40。

图 6-40　分享到社交网站

（6）如把该问卷发给 QQ 好友，首先单击复制问卷链接的"复制"按钮，显示链接复制成功，单击"确定"按钮，见图 6-41。

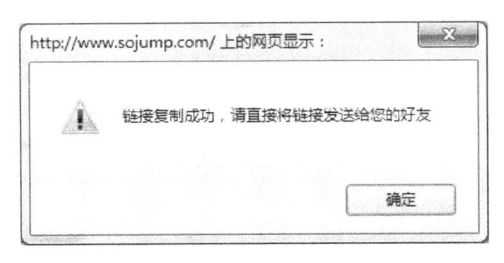

图 6-41　链接复制成功

（7）其次登录 QQ 后，单击"分享到社交网站"右侧的"QQ 好友"图标，见图 6-42。

图 6-42　单击"QQ 好友"图标

（8）在出现的"QQ 好友"列表中，选择要发送的 QQ 好友，见图 6-43。

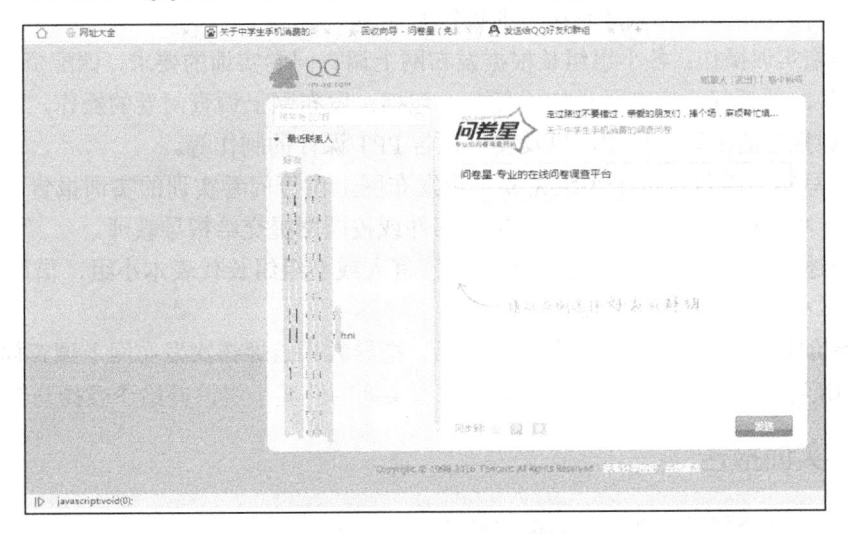

图 6-43　选择要发送的 QQ 好友

（9）单击"发送"按钮，则问卷成功发送给 QQ 好友，见图 6-44。

图 6-44　问卷成功发送给 QQ 好友

实训练习

一、实训项目：发布网上调查问卷

二、实训组织

1．组建实训小组：将教学班学生按每小组 6~8 人的标准划分成若干课题小组，每个小组指定或推选出一名组长。

2．确定实训课题：每个小组根据实训要求，完成发布网上调查问卷的操作，并完成发布网上调查问卷实训报告以及制作实训报告 PPT 课件。

3．实施实训操作：各小组组长根据发布网上调查问卷实训的要求，调配资源，明确各组员的任务，并督促大家有效地完成任务，包括：发布网上调查问卷的操作，发布网上调查问卷实训报告的撰写、打印，以及实训报告 PPT 课件的制作等。

4．撰写实训报告：每个小组完成一份发布网上调查问卷实训的实训报告，并制作成 PPT 课件，实训报告与 PPT 课件通过电子邮件或校园网提交给指导教师。

5．陈述实训心得：由各个小组推荐的发言人或小组组长代表本小组，借助实训 PPT 课件陈述本小组的实训报告和实训心得。

6．评价实训效果：各个小组代表陈述后，指导教师点评该次发布网上调查问卷实训的情况，并由全班学生无记名投票，评选出该次实训的获奖小组，并给予表扬与奖励。

三、实训报告

发布网上调查问卷实训报告的格式见图 6-45。

项目 6　网络市场调查

```
              发布网上调查问卷实训报告
                     第   3   次实训
    班级_____    学号_____   姓名_____   实训评分_____
    实训时间_____   实训名称_____发布网上调查问卷_____
    一、实训目的

    二、实训要求

    三、实训操作步骤

    四、实训心得体会

    五、实训评价（指导教师填写）
```

图 6-45　发布网上调查问卷

四、实训考核

实训成绩依据学生上课出勤、实训操作规程、课堂讨论发言、实训报告的写作和实训报告 PPT 课件制作水平等进行评定。首先由各小组组长对组内各成员进行成绩评定，成绩分为优秀、良好、中等、及格、不及格五挡；然后由指导教师对小组提交的实训报告及实训报告 PPT 进行评分；最后按照以下公式进行加权计算，计算出每个学生的最终成绩。

个人最终成绩=小组组长评定成绩×20%+指导教师评定成绩×80%

其中，小组组长评定组内成员成绩表、指导教师评定实训报告及实训报告 PPT 成绩表分别见表 6-5 与表 6-6。

表 6-5　小组组长评定组内成员成绩表

小组成员姓名	小组成员成绩				
	优秀 （90 分以上）	良好 （80～90 分）	中等 （70～79 分）	及格 （60～69 分）	不及格 （60 分以下）

表 6-6　指导教师评定实训报告及实训报告 PPT 成绩表

评价内容	分值（分）	评分（分）
发送问卷操作的正确性	15	
发送问卷操作的完整性	15	
实训报告的完整性	30	
实训报告 PPT 设计的质量	20	

续表

评价内容	分值（分）	评分（分）
实训报告表达效果	20	
总体评分	100	

任务4　查看网上调查报告

实训目的
1. 培养学生查看网上调查报告的能力；
2. 培养学生组织分工与团队合作的能力；
3. 培养学生整理分析资料与写作的能力；
4. 培养学生计算机软件应用的能力；
5. 培养学生积极讨论与口头表达的能力。

实训要求
1. 实践操作网上调查问卷填写与调查报告查看；
2. 记录查看网上调查报告各步骤，形成实训报告；
3. 依据实训报告制作出该次实训的PPT课件；
4. 实训报告及PPT课件通过电子邮件提交给老师。

实训例讲

查看网上调查报告

（1）登录问卷星，打开"分析&下载"项目的下拉列表，选中"统计&分析"，见图6-46。

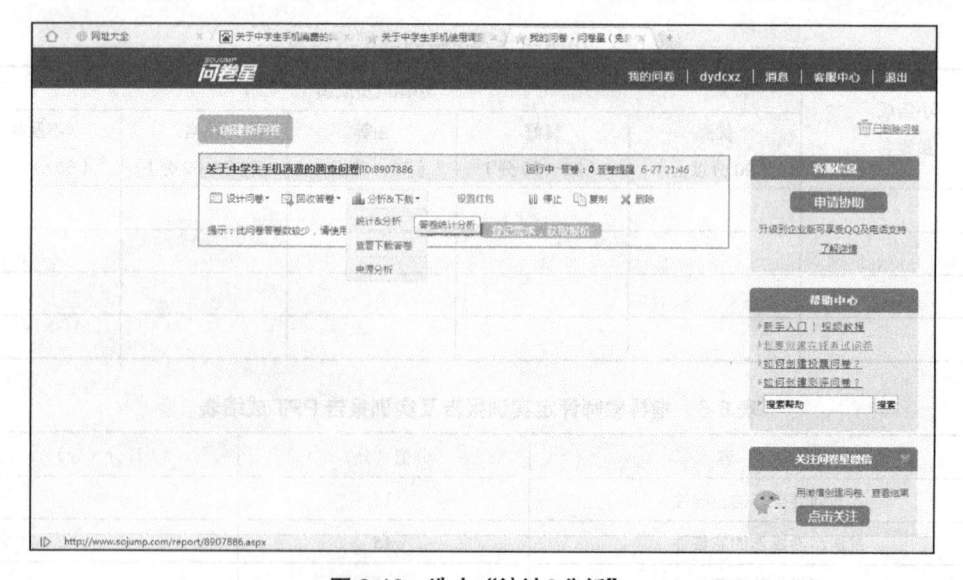

图6-46　选中"统计&分析"

项目 6　网络市场调查

（2）在"统计&分析"页面，可查看问卷每道题的填写情况，还可"下载调查报告"和查看"单题统计"，见图 6-47。

图 6-47　查看问卷的填写情况

（3）单击"单题统计"按钮，可以查看每道题目回答结果的饼状图、柱状图、折线图、条形图，其中单题统计的饼状图及柱状图分别见图 6-48、图 6-49。

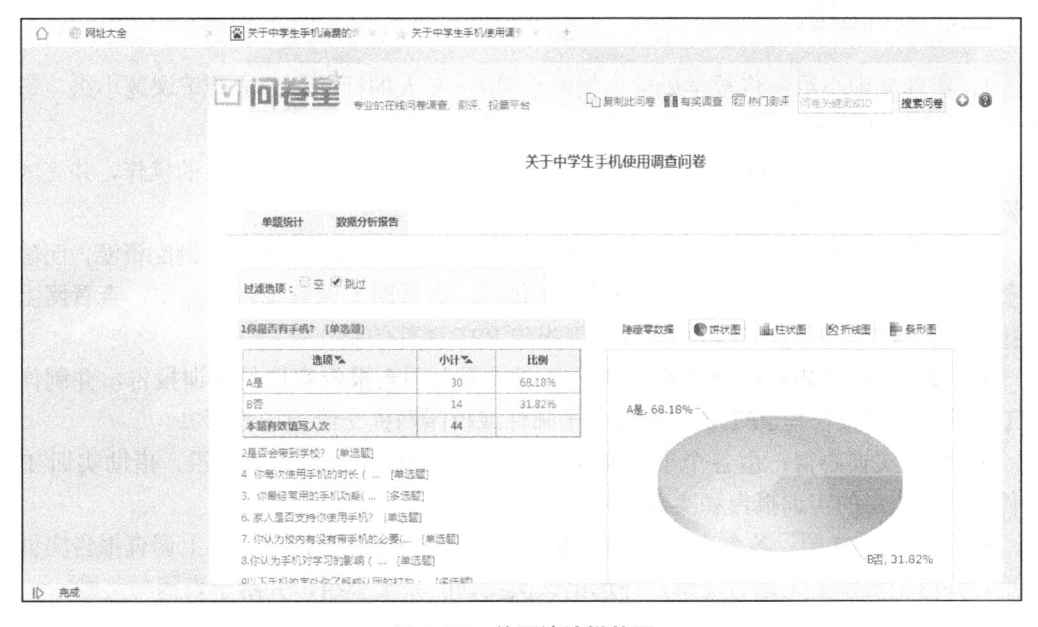

图 6-48　单题统计饼状图

179

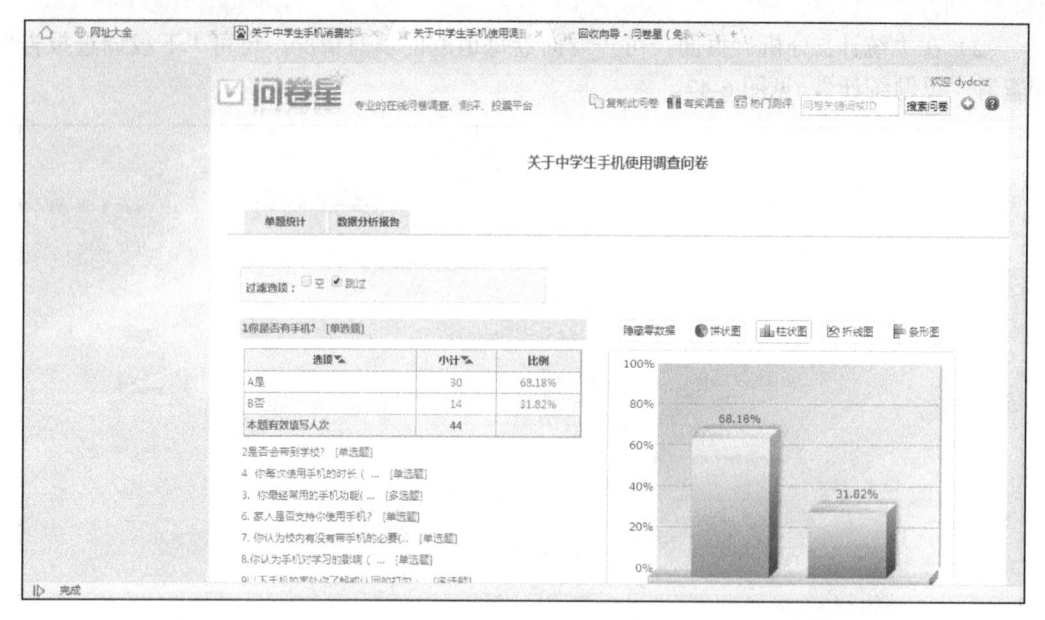

图 6-49　单题统计柱状图

实训练习

一、实训项目：查看网上调查报告

二、实训组织

1. 组建实训小组：将教学班学生按每小组 6~8 人的标准划分成若干课题小组，每个小组指定或推选出一名组长。

2. 确定实训课题：每个小组根据实训要求，完成查看网上调查报告的操作，并完成查看网上调查报告实训报告以及制作实训报告 PPT 课件。

3. 实施实训操作：各小组组长根据查看网上调查报告实训的要求，调配资源，明确各组员的任务，并督促大家有效地完成任务，包括：查看网上调查报告的操作，查看网上调查报告实训报告的撰写、打印，以及实训报告 PPT 课件的制作等。

4. 撰写实训报告：每个小组完成一份查看网上调查报告实训的实训报告，并制作成 PPT 课件，实训报告与 PPT 课件通过电子邮件或校园网提交给指导教师。

5. 陈述实训心得：由各个小组推荐的发言人或小组组长代表本小组，借助实训 PPT 课件陈述本小组的实训报告和实训心得。

6. 评价实训效果：各个小组代表陈述后，指导教师点评该次查看网上调查报告实训的情况，并由全班学生无记名投票，评选出该次实训的获奖小组，并给予表扬与奖励。

三、实训报告

查看网上调查报告实训报告的格式见图 6-50。

项目 6　网络市场调查

```
        注册问卷星网站会员实训报告
              第   4   次实训
班级_____    学号_____   姓名_____   实训评分_____
实训时间_____   实训名称    查看网上调查报告    
一、实训目的

二、实训要求

三、实训操作步骤

四、实训心得体会

五、实训评价（指导教师填写）
```

图 6-50　查看网上调查报告

四、实训考核

实训成绩依据学生上课出勤、实训操作规程、课堂讨论发言、实训报告的写作和实训报告 PPT 课件制作水平等进行评定。首先由各小组组长对组内各成员进行成绩评定，成绩分为优秀、良好、中等、及格、不及格五挡；然后由指导教师对小组提交的实训报告及实训报告 PPT 进行评分；最后按照以下公式进行加权计算，计算出每个学生的最终成绩。

个人最终成绩=小组组长评定成绩×20%+指导教师评定成绩×80%

其中，小组组长评定组内成员成绩表、指导教师评定实训报告及实训报告 PPT 成绩表分别见表 6-7 与表 6-8。

表 6-7　小组组长评定组内成员成绩表

小组成员姓名	小组成员成绩				
	优秀 （90分以上）	良好 （80~90分）	中等 （70~79分）	及格 （60~69分）	不及格 （60分以下）

表 6-8　指导教师评定实训报告及实训报告 PPT 成绩表

评价内容	分值（分）	评分（分）
查看调查报告操作的正确性	15	
查看调查报告操作的完整性	15	
实训报告的完整性	30	
实训报告 PPT 设计的质量	20	

续表

评 价 内 容	分值（分）	评分（分）
实训报告表达效果	20	
总体评分	100	

岗位知识链接

一、网络市场调查特点

（一）及时性和共享性

网络信息传播速度快，一方面，网络市场调查的信息能迅速传递给连接上网的用户，另一方面，企业能够及时快速地回收信息，同时也可随时更换调查内容。

网络市场调查是开放的，任何网民都可以参与调查活动和查看调查结果，从而保证了网络市场调查信息的共享性。

（二）便捷性和低成本

在网络上进行调查时，只需要有一台能上网的计算机就可以。调查者在企业站点上发布电子调查问卷，由网民自愿填写，回收问卷后，即可利用统计分析软件进行整理分析，整个调查工作相当便捷。

进行网络市场调查时，不需派出调查人员，不受天气、距离等限制，不需印刷调查问卷，同时调查问卷收集、整理、处理工作等均可由计算机自动完成，成本相对低廉。

（三）交互性和充分性

进行网络市场调查时，被调查者可以及时就问卷相关的问题提出自己的看法和建议，调查者也可以立即给予答复，并及时做出修改，这将大大减少问卷设计的不合理而导致的调查结果偏差的问题。

（四）可靠性和客观性

网络市场调查的结果，在很大程度上反映了消费者的消费心态和市场发展的趋势，其结果较为可靠和客观。原因表现为：

（1）网络市场调查回收的问卷数可以达到一定的规模。

（2）网络市场调查问卷的填写是自愿的，答题相对认真、客观。

（3）网络市场调查可以避免传统调查人为错误（如访问员缺乏经验技巧而出错）所导致调查结果的偏差。

（五）无时空和地域限制

网络市场调查可以24小时全天候地在全球范围内进行，这与受地域和时间限制的传统调查是有很大区别的。

项目 6　网络市场调查

(六) 可检验性和控制性

利用网络进行市场调查收集信息，可以有效地对采集信息的质量实施系统的检验和控制。

（1）网络市场调查问卷可以附加全面规范的指标解释，有利于消除因对指标理解不清或调查员解释口径不一致而造成的调查偏差。

（2）问卷的复核检验由计算机依据设定的检验条件和控制措施自动实施，可以有效保证对调查问卷的 100% 的复核检验，保证检验与控制的客观公正性。

（3）通过对被调查者的身份验证技术可以有效地防止信息采集过程中的舞弊行为。

二、网络市场调查方法

(一) 根据调查信息来源划分

（1）网络市场直接调查法。网络市场直接调查法是指为某个特定目标在互联网上收集第一手资料（原始资料）的调查方法。

（2）网络市场间接调查法。网络市场间接调查法是指在互联网上收集别人已加工整理过的信息资料（第二手资料）的调查方法。

(二) 根据调查信息收集方法划分

（1）网上问卷调查法。网上问卷调查法是指企业在互联网上发布网络市场调查问卷，客户通过网络填写调查问卷，之后回收问卷，获得调查信息的方法。

（2）网上讨论法。网上讨论法是指企业在网上发布调查项目，邀请访问者参与讨论，收集信息的方法。

（3）网上观察法。网上观察法是指通过对网站的访问情况和网民的网上行为进行观察和监测，获得调查信息的方法。

（4）网上实验法。网上实验法是指企业在网上通过产品销售实验对比来取得市场第一手资料的调查方法。

(三) 根据调查采用的技术划分

（1）站点在线调查法。站点在线调查法是指将网络市场调查问卷的 HTML 文件附加在一个或几个网络站点的 Web 上，由浏览这些站点的用户在此 Web 上自愿填写，回答调查问题的方法。

（2）电子邮件法。电子邮件法是指通过给被调查者发送电子邮件的形式将调查问卷发给一些特定的网上用户，由他们填写后以电子邮件的形式反馈给调查者的调查方法。

（3）随机 IP 法。随机 IP 法是指以产生一批随机 IP 地址作为抽样样本进行问卷调查的方法。

（4）视讯会议法。视讯会议法是指将分散在不同区域的被调查者通过 Internet 视讯会议虚拟地组织起来，在主持人的引导下讨论调查问题的方法。

岗位业务工具

1. 调查人员一览表模板（见表6-9）

表6-9　调查人员一览表

序　号	调查人员编号	调查人员姓名	联系电话	职　务

2. 实验法数据汇总表模板（见表6-10）

表6-10　实验法数据汇总表

地区	单价（元）		销售量		利润（元）		变化幅度（%）	
	实验前	实验后	实验前	实验后	实验前	实验后	实验前	实验后

参 考 文 献

[1] 罗绍明. 市场调查综合实训[M]. 北京：电子工业出版社，2011.
[2] 周惠芳. 统计学基础[M]. 上海：立信会计出版社，2005.
[3] 李士兴. 统计员岗位知识与技能[M]. 北京：机械工业出版社，2008.
[4] 袁月秋. 市场调研技能实训[M]. 北京：中国人民大学出版社，2009.
[5] 王枝茂. 市场调查与预测[M]. 北京：中国财政经济出版社，2002.
[6] 杨海清. 市场调查与市场预测实训[M]. 北京：中国劳动社会保障出版社，2006.
[7] 李文柱. 市场调查实务[M]. 北京：机械工业出版社，2010.
[8] 叶叔昌，邱红彬. 营销调研实训教程[M]. 武汉：华中科技大学出版社，2006.
[9] 郑聪玲，徐盈群. 市场调查与分析实训[M]. 大连：东北财经大学出版社，2008.
[10] 程淑丽. 营销管理工作细化执行与模板[M]. 北京：人民邮电出版社，2008.
[11] 程淑丽. 市场营销管理职位工作手册（第2版）[M]. 北京：人民邮电出版社，2009.